JN440252

코스미안 어레인보우

코스미안어레인보우

1판 1쇄 인쇄 | 2013년 6월 25일
1판 1쇄 발행 | 2013년 7월 1일

지 은 이 | **이태상**
펴 낸 이 | **전승선**
펴 낸 곳 | **자연과인문**
북디자인 | **신은경**

대표전화 | 02-735-0407
팩 스 | 02-744-0407
주 소 | 서울시 종로구 낙원동 58-1 종로오피스텔 605호
홈페이지 | http://jibook.net
이 메 일 | poet1961@hanmail.net
출판등록 | 2007년 12월 28일

ISBN 978-89-968063-1-8 03800
값은 뒤표지에 있습니다.

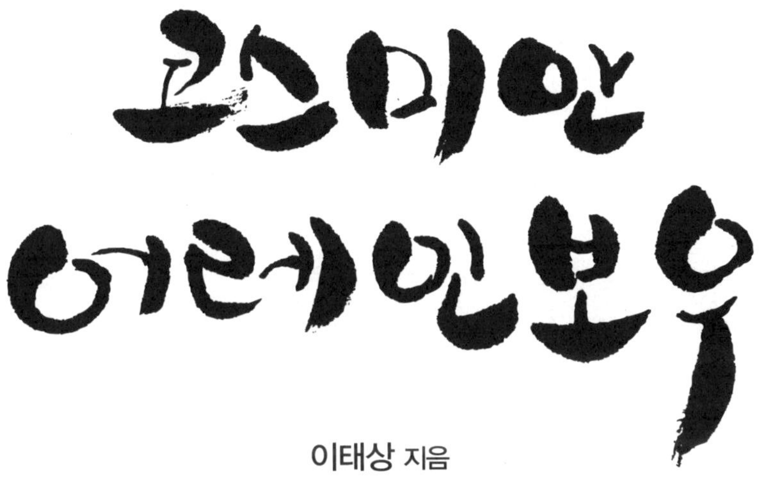

이태상 지음

자연과 인문

머리시序詩

사랑이여
모든 불가능에 대한 사랑이여
깊고 간절한 마음은
닿지 못할 곳이 없다네.

아직도 심장이 뜨겁게 타오르는 것은
식지 않은 사랑이 남아 있기 때문이요
가난한 영혼이 시들지 않은 까닭이라네.
다시 세상의 모든 꿈들에게 희망을 바치며
살아서 아름다운 생명을 사랑이라 불러 본다네.

하나의 꿈을 꾸는 그대와
하나의 열정을 불태우는 그대와
하나의 순수를 기도하는 그대와
하나의 사랑을 노래하는 그대, 그대여

무지개를 올라탄 구도자의
아름다운 우주여행은 계속될 것이라네.

시인 전승선

머리글序文

작가의 창의성과 상상력은 책 제목에서부터 드러난다. 코스미안 어레인보우가 대체 무슨 뜻일까 한참 고심했다. 코스미안은 우주적 인간으로 이해할 수 있고, 어레인보우는 무지개를 탄 사람이다. 작가 이태상 선생이 만들어낸 신조어다. 이러한 창의성은 대체 어디서 나오는 것일까. 작가의 순수한 영혼과 동양적 지혜가 아니라면 이런 발상을 하기 어려웠을 것이다. 가슴 뛰는 대로 살자는 영원한 청년이 전하는 아름다운 메시지가 이 한권의 에세이집을 통하여 큰 울림으로 다가온다.

지금은 지식보다는 지혜가 요구되고 서양의 물질문명보다 동양의 정신문화가 주목 받는 시대다. 종교라는 새장에 갇힌 맹신으로 살육과 보복을 되풀이하는 세상을 향하여 작가는 이렇게 일갈한다. 새장에 갇힌 새는 새가 아니듯 종교에 갇힌 신은 신다운 신이 아니라고…….

미국에 살면서도 늘 그리운 고향, 한국으로 향하는 마음의 여정은 글밭의 씨가 되어 뿌리를 내리고 잎을 피워내며 좋은 열매를 맺는 정신의 자양분이 되었을 것이다. 그래서 작가는 세상의 바다에서 파도를 만나더라도 두려움을 이겨내고 가슴 뛰는 대로 살라고 한다. 가슴 뛰는 삶이야말로 절대적인 사랑의 완성이라는 메시지를 던져주고 있다. 절대적 사랑의 완성을 노래한 어린왕자처럼 이태상 선생은 순수를 노래하는 영원한 청년이다.

작가 이봉수

CONTENTS

코스미안 어레인보우

여성숭배
좋지 않은가

한국에서 여성 대통령이 취임함으로써 새로운 역사가 시작됐다. 최근 출간된 '남성의 종말과 여성의 천지개벽The End of Men: And the Rise of Women'이란 책이 오늘의 시대상을 정확히 진단하고 있는 것 같다. 미국의 지성월간지 '애틀란틱The Atlantic'의 칼럼니스트인 한나 로진이 쓴 이 책은 베티 프리단의 '여성의 신비성Feminine Mystique'이나 시몬 드 보봐르의 '제2의 성The Second Sex' 그리고 나오미 울프의 '미의 신화Beauty Myth'를 무색케 할 역사적인 저서로 지금까지 수천 년 지속 되어온 남성에서 여성으로의 권력이동의 맥을 짚고 있다. 부계사회가 끝나고 모계사회가 도래하고 있음을 천명하고 있다.

섹스는 세상살이를 흥미롭게 하는데 필요한 모든 것 전부를 제공한다며 몇 년 전에 나온 서적 '여성의 성과 진화론'의 저자 레오나드 쉬레인 박사는 이 책을 쓰게 된 동기가 남녀 간 욕망의 부조화를 탐구해 보기 위해서였다고 말한다. 약 15만 년 전부터 인간 두뇌가 커지고 다른 동물들처럼 기는 대신 일어서서 걷기 시작하면서 우리 신체구조가 변하게 되는데 이것이 남자에겐 별 문제가 안 되지만 여자에겐 큰 위험부담이 되었다고 한다. 임신 후 몸보다 머리가 큰 아이를 협소한 질을 통해 출산하는 과정에서 목숨을 잃는 일이 많이 생기게 되었고 따라서 여성은 배란 주기에 섹스를 본능적으로 기피하게 되고 남성은 정반대로 더 굶주리게 되었다는 말이다. 그러므로 여성이 원하는 바가 무엇인지 남자들에겐 영원한 수수께끼일 뿐이란다. 흥미롭게도 쉬레인 박사는 그의 첫 저서 '예술과 물리학'에서 예술이 언제나 과학에 앞선다며 피카소 같은 예술가가 아인슈타인의 상대성이론의 실마리를 풀어주었음을 그 한 예로 든다. 그 다음으로 쓴 그의 두 번째 저서 '알파벳 대 여신'에서 저자는 더욱 설득력 있는 주장을 펴고 있다.

오늘날 우리가 사는 세계를 둘러보라. 무엇이 제일 큰 문제인지 곧 알게 된다. 그것은 곧 배타적인 종교의 폐쇄성이란 것을, 하나님의 말씀이 한 권의 책 속에 일자일획의 오류도 없이 기록되어 있다고 사람들이 굳게 믿게 되자 인간은 이 말씀 때문에 서로 죽이기 시작했다고 그는 주장한다. 인류는 본래 여성을 여신으로 경배해 왔다. 그러나 한 뿌리에서 생긴 고대종교인 유대교와 기독교 그리고 이슬람교가 나타나 여신이란 없다고 선언하자 문화가 부계사회로 바뀌면서 공격적이 되어 인류 역사상 처음으로 종교 때문에 사랑을 빙자한 살육지변이 벌어지게 되었다는 설명이다. 이렇게 문자가 서구문화에 끼친 엄청난 해독을 분석하면서 저자는 그 해독법까지 제시하고 있다. 절망하고 비탄만 할 일이 아니며 희망의 서광이 비치고 있다고 말하는 저자는 최근에 와서 TV와 예술, 그림, 화상, 영상, 조각상 등 이미지의 폭발적인 파급으로 추방됐던 여신이 돌아오고 시각적이고 구전적으로 인류 사회가 변하고 있기 때문이라는 논리를 편다.

지난 20세기 대표적인 중국 문필가 임어당(1895-1976)이 지적했듯이 서양문명이 남성적이고 동양문화가 여성적이라면 평화와 사랑의 화합작용으로 생명을 만드는 동양의 음기가 전쟁과 폭력의 파괴행위로 목숨을 앗아가는 서양의 양기를 다스려야 하리라. 그래서 유치하고 상스러운 남성인류mankind가 사라지고 이제 좀 성숙하고 자비롭고 고상하고 우아하고 아름다운 여성인류womankind가 부활하기를 바랄뿐이다.

강효리 찬가

노무현 정부 때 법무부장관으로 등장한 강금실 씨에게 매료되었었던 나는 지난 2004년 8월 3일자 미주판 세계일보에 당시 연재하던 나의 칼럼 '가슴 뛰는 대로 살자'에 다음과 같은 글을 썼었다.

강효리 찬가

파격적으로 아주 훌륭하게 법무장관직을 수행하고 최근 퇴임하신 강금실 씨께 해외동포의 한 사람으로 경의를 표하고 찬사를 드립니다. 첫 여성 법무장관으로 사법고시 선배들이 즐비한 법무 검찰 조직의 장을 맡아 사내들 다 합친 것보다 낫다는 극찬을 들을 정도로 열린 생각으로 법무, 검찰 개혁의 시대적 사명을 멋있게 수행해주신데 대해서 말입니다. '저는 판사도 했고 변호사도 했지만 지금도 제복 입은 경찰관만 보면 무서워요.'라고 어느 경찰 간부 특강에서 말씀하셨다는데 더할 수 없이 서민적으로 인간미를 보여주셨습니다. 또 어디 그뿐입니까? 일문일답 시간에 총선 출마설에 관한 질문이 나오자 출마설에 너무 시달려 죽을 뻔 했는데 이제 거의 끝나간다. 선거관리 주무부로서 총선관리나 잘 하겠다며 선을 그으셨고 강효리란 별명에 대해선 강금실이란 이름이 촌스럽다는 말을 많이 듣는데 강효리라고 하면 뭔가 세련된 것 같다며 웃음을 터뜨리셨다는데 정말 인간적이고 여성적인 매력 만점입니다.

특히 지난해 취임 직후 한 일간지와의 인터뷰가 끝난 후 기자에게 공개한 장관 집무실에서 지난 대선 때 노무현 후보의 TV광고 배경 음악으로 사용했던 존 레논의 'IMAGINE'이 흘러나오자 얼마나 좋은 노래입니까 라며 소녀처럼 웃으셨다는 강 장관님, 너무도 매혹적이군요. 그러니 과거엔 여성 장관이 호주머니에 손을 넣었다는 이유로 해임된 적도 있지만 지금은 제가 손을 넣어도 멋있다고 하는 게 아니겠습니까 라고 했지요. 그리고 놀랍게도 2004년부터 본국 내 교도소와 구치소에 수감 중인 6만여 재소자들이 클래식 명곡을 듣고 평화와 자유, 정서적 아름다움을 느낄 수 있게 한 분이 강 장관님이라니 이 얼마나 멋있는 발상의 조치입니까?

불교에서는 한 생각 돌리면 불속에서도 시원하다 하고, 사람은 자신이 생각하는 모습대로 되는 것이라고 데이비드 리버만은 '나에겐 분명 내가 있다'에서 상기시키는가 하면 시인 피천득은 이렇게 '이 순간'에서 감탄하지요. '이 순간 내가 별들을 쳐다본다는 것은 그 얼마나 화려한 사실인가. 이 순간 내가 제9교향곡을 듣는다는 것은 그 얼마나 찬란한 사실인가'라고 했지요. 정녕 꽃을 보는 눈은 꽃이 되고 음악을 듣는 귀는 음악이 될 것입니다. 에리히 프롬은 그의 저서 '사랑의 기술'에서 나는 당신을 통해 모든 사람을 사랑하고 당신을 통해 세계를 사랑하고 당신을 통해 나 자신도 사랑한다고 말할 수 있어야 한다고 역설했듯이 저 또한 강효리를 통해 인류와 세계 그리고 저 자신까지 사랑하렵니다. 제가 소년시절 읽은 '내가 만난 가장 잊을 수 없는 사람'이란 글 서두에 인용된 영국시인 바네입 구지의 독백이 제 심정은 물론 다른 많은 남성을 대변하는 것일 것입니다.

'여인이 옆으로 지나가는 것을 먼발치로 바라보았을 뿐이지만 내 목숨 다하는 날까지 그 여인을 난 사랑할 것이다. I did but see her passing by, and yet I love her till I die. Barnabe Googe'

부디 늘 건강하시고 한국의 힐러리로서 아니 그보다 더 훌륭한 우리 한민족의 여성지도자가 되어주실 것을 앙망해 마지않습니다. 소학에 오직 사람이 가장 귀하다는 구절이 있지만 그것도 강효리 같은 여인이 귀한 까닭입니다. 이제 부계사회는 저물고 모계사회가 열리고 있으니까요. 이제 추신으로 한 마디 보태자면 2018년 박근혜 대통령으로부터 바통을 이어받게 되신다면 얼마나 좋겠습니까.

노짱은 노짱다워야

노무현 대통령이 취임할 때 한국의 링컨이 되기를 희망했었고 2004년 3월 18일자 미주판 중앙일보 오피니언에 '탄핵 정국 어떻게 볼 것인가'에 나는 다음과 같은 글을 기고했다.

노짱은 노짱다워야

미국의 2인조 가수 에멀리 세일리어스와 에이미 레이로 구성된 '남빛 소녀들Indigo Girls'의 수많은 인기곡 가운데 대표적인 것으로 '아주 훌륭하고 괜찮아Closer to Fine'의 가사 일부는 다음과 같다.

난 당신에게 인생에 대해 뭔가를 말해드리려 합니다./그러니 내게 통찰력을 주십시오./흙과 벽 사이에/당신이 내게 해준 가장 좋은 일은/내 삶을 좀 덜 진지하게 다루도록 날 도와준 것이랍니다./결국 단지 삶이니까요/어떻든 어둠은 채울 수 없는 굶주림이고/빛은 듣기 힘든 소리이지요./난 포대기처럼 두려움으로 내 몸을 감싸고/안전이란 내 배가 침몰할 때까지 항해했으나/난 이제 당신의 해안 육지로 기어오르고 있습니다.

난 의사에게 갔었고/난 산에도 갔었고/난 애들도 믿어보았고/난 샘물도 마셔보았지요/모든 문제엔 답이 하나 이상임을/똑바르지 않고 구부러진 선으로/또 결정적인 명확성을 위해/내 근원을 덜 찾을수록/내가 아주 괜찮아짐을 깨닫게 되었습니다.

이 노래는 우리 모두의 가슴 속에 울림을 주는 것 같다. 특히 우리 노무현 대통령에게 메시지를 던져 주고 있다. 노 대통령은 최근 이렇게 말했다. '미국 제7대 대통령 앤드루 잭슨은 나와 비슷하게 학력이 낮다. 독학으로 공부해서 변호사가 됐다. 그리고 대통령이 됐다. 그의 별명은 커먼맨Common man 보통사람이다. 그 때부터 미국의 귀족민주주의가 대중민주주의로 바뀌었다. 그 때 미국은 서민 대통령을 필요로 했다. 그런 것처럼 우리도 제왕적 대통령에서 민주적 대통령으로 가는 과정이 필요하다. 우리에게도 그런 시대적 흐름이 있다.'

그렇다면 노짱은 노짱다워야 하지 않을까. 그는 그의 단점을 그의 장점으로 역이용 해왔고 앞으로도 그럴 것을 기대해본다. 그의 약점이 오히려 그의 강점으로 전환 될 수 있는 매력적인 시대가 왔다. 그리고 또 한 가지 우리 모두 명심불망銘心不忘해야 할 것이 있다. 예부터 우리 선인들께서 말씀하였듯 학무식學無識은 구제할 길 있어도 인무식人無識은 구제할 길 없는 법이다.

그리스의 극작가 소포클레스의 에디푸스는 러시아의 소설가 도스토예프스키의 킬리이로프와 같은 표현으로 부조리를 포용한다. 고대의 예지銳志-銳智-豫知-叡智가 현대의 영웅주의와 결부된다.

부조리를 발견한 자는 누구나 행복에 이르는 길잡이 안내서 같은 것을 쓰고 싶은 충동을 느낀다.

뭐라고? 그렇게 힘들고 좁은 길을 걷지 않고는 행복에 이르지 못한단 말이냐고 질문하는 사람이 있으리라. 그러나 세계는 하나밖에 없다. 행복과 부조리는 동일한 대지에서 태어난 쌍태아이다. 이 둘은 떼려야 뗄 수 없다. 물론 행복은 반드시 부조리의 발견에서 생긴다고 한다면 잘못이리라. 행복에서 부조리의 감정이 생길 수도 있으니까.

모든 것은 다 좋다고 나는 판단한다. 이렇게 에디푸스는 말했다. 이 말은 인간의 잔인하고 무정한 우주 속에 쩡쩡 울린다. 모든 것이 과거에 다한 일 없고 현재도 다하지 않으며 미래에도 다하지 않을 것임을 알려준다. 이 세계에 들어온 신들을 이 세계로부터 쫓아내고 인간의 운명을 인간이 풀어야 할 인간의 문제로 바꾸어 놓았다. 여기에 바로 시지프스의 남모를 기쁨이 있다. 시지프스의 운명은 시지프스의 것이다. 시지프스의 바위는 시지프스의 것이다.

마찬가지로 노짱의 기쁨도 여기에 있고, 노짱의 운명과 바위는 노짱의 것이니 노짱은 노짱다워야 노짱이라고, 삼가 노짱에게 이 격려문을 띄운다.

바람은 눕지 않는다 했던가

지난해 한동안 좌파도 우파도 아닌 상식파로 자처한 안철수 바람이 당분간 잠잠해진 것 같더니 금년 봄 꽃샘바람을 타고 다시 불기 시작하는 것 같다. 각자는 각자대로 존재 이유와 존재 가치가 있다면 안철수의 정체성은 무엇일까. 한반도의 지정학적 역사의 DNA 산물인 사대주의 사색당쟁과 좌우 이데올로기로 분단된 북한의 실정은 차치하고라도 남한의 고질화된 부정부패정치에 느끼는 불신과 혐오감에서 분출된 정치개혁에 대한 국민의 열망으로 안철수가 등장하게 되었다면 구태의연한 단일화란 야합은 있을 수 없을 것 같다.

한국은 물론 미주동포사회에서도 나이 좀 드신 분들 가운데는 안철수 씨를 무조건 빨갱이로 낙인찍고 아무런 정치 경험이 없어 그가 정치지도자 자격이 없다고 하는 어르신들이 계시지만 그의 말대로 기득권층에 빚진 게 없다는 사실이 그의 큰 자산이 될 수 있을 것이다. 그럼 우리 안철수 정부의 바람직한 밑그림부터 한번 그려보자.

첫째로 도덕성과 상식의 회복을 위해 공천장사나 하는 정상배집단이 정당 노릇 못하도록 하고, 말이 그 사람의 인격이라고 막말하는 자가 국회의원이 될 수 없도록 하며, 국회에서 깡패처럼 난동부리는 국회의원은 가차 없이 영구 퇴출시키는 엄중한 검증과 처벌 조치를 마련한다.

둘째로 우리 자신의 힘이 없어 자의가 아닌 타의에 의해 일본의 식민 지배를 받다 분단되어 동족상잔까지 겪어온 우리 민족의 비극은 하루빨리 어서 끝내고 남북통일을 평화적으로 이루기 위해 잘사는 남한이 못사는 북한을 끌어안는 통 큰 대북정책을 펴나간다.

셋째로 일본 열도의 토착민인 조몬인과 한반도에서 건너온 야요이인이 혼혈을 반복해 현재의 일본인이 됐다는 혼혈설을 뒷받침하는 DNA 분석 결과가 나왔다는 최근의 일본 언론보도가 아니더라도, 우리 고대 가야와 백제의 후손들이라고 할 수 있는 이웃나라 일본에 대해서는 지난 과거지사는 과거지사로 돌리고 미래 지향적으로 좀 더 대국적인 견지에서 선린정책을 펼친다.

끝으로 동서고금 인류역사는 약육강식의 자연법칙을 따라 세계 방방곡곡에서 아직도 수많은 사람이 역사의 제물이 되고 가해자 역시 피해자가 되고 있지만 이 모든 악순환의 고리를 끊고, 우리 동양 고유의 물아일체物我一體, 피아일체彼我一體와 단군의 홍익인간弘益人間 사상으로 정신적인 지도력을 발휘, 지구촌을 지상낙원으로 만들어나간다. 이렇게 한다면 이것이야말로 온 인류를 열광시킬 진정한 한류스타 안철수 스타일이 되리라.

어느 화창한 날에 바람이 재스민 향기로 내게 말했다.

재스민 향에 대한 보답으로 장미꽃 향을 줄 수 있느냐고.

내 정원의 꽃들이 다 시들어 내겐 장미꽃이 없다고 답하자
그럼 시든 꽃잎과 노랑 잎과 샘물이면 된다며 바람은 가고

맡겨진 정원을 어찌 가꿨느냐 자신에게 물으며 나는 흐느꼈다.

스페인 시인 안토니오 마차도(1875-1939)의 시 한 편이다. 이미 너무 늦었다라고 할 때는 그 정반대로 아직 시작 조차 아니라는 뜻이 아닐까. 미국의 시인 로버트 블라이는 내 보트가 해안에 닿지 않아도 좋아라고 했는데, 내가 탄 배를 사랑한다면 그 배가 목적지에 도착하든 안 하든 상관 없다는 뜻이리라. 우리 모두 어렸을 때 처음으로 버스나 기차를 타고서는 이 여행이 끝나지 않고 끝없이 달려봤으면 했던 기억이 있지 않은가. 그리고 번번이 아픔으로 끝난, 아니 끝나지 않은 짝사랑 이야기가 있지 않은가. 아마 그래서 블라이는 그의 시에서 또 '이 같은 고통을 죽을 때까지 느낀다 해도 좋아It's all right if I feel this same pain till I die... It's all right if the boat I love never reaches the shore.'라고 했나 보다. '인생은 난파선이나 우린 구명보트 타고서라도 노래를 부르자.Life is a shipwreck, We must not forget to sing in the lifeboat'라고 프랑스의 문필가 볼테르는 말했고, 우리말에 '바람은 눕지 않는다' 하지 않았던가.

칼릴 지브란은 '시인들'에서 이렇게 노래했다. 네 사람의 시인이 한 잔의 술을 놓고 테이블에 둘러앉았다. 첫 번째 시인이 말했다. "내 두 눈 외에 또 한 눈으로 보니 이 술의 향기가 깊은 산 숲속에서 떼를 지어 나는 한 무리의 새구름 같이 떠도는구려." 두 번째 시인이 고개를 들고 말했다. "당신이 말하는 그 안개구름같이 떠

도는 새들이 부르는 노래가 내 귓속에 들리는구려. 이 신비로운 노랫소리가 내 마음 사로잡기를 한 떨기 흰 장미꽃이 그 꽃잎 속에 벌을 잡아 가두듯 하는구려." 세 번째 시인이 지그시 눈을 감고 말하기를 "그렇고말고 내 손에 잡히는구려. 당신들이 말하는 그 새들의 날개가 잠자는 숲속의 요정들 숨결처럼 내 손가락 마디마디에 간지럽게 와 닿는구려." 그러자 잠자코 있던 네 번째 시인이 자리에서 벌떡 일어나 테이블에 놓여있는 술잔을 번쩍 들고 말했다. "내 다정한 벗들이여, 내 눈과 귀와 손끝이 어둡고 무뎌서인지 난 당신들처럼 숲의 향기도 노랫소리도 숨결도 보고 듣고 느낄 수 없구려. 오로지 이 술 자체만 감지할 뿐이오. 그러니 난 이 술을 마셔봐야겠소. 그래서 내 감각도 당신들처럼 날카로워져서 당신들이 맛보는 그 황홀지경에 나도 한번 올라보게 말이요."

이렇게 말하면서 술잔을 입에 대고 잔에 담긴 술을 한 방울 남김없이 그는 쭉 다 들이켰다. 이를 바라보는 세 시인들 눈에는 증오심에 찬 갈증이 타올랐다.

자연의 섭리와 우주질서를 무조건 맹목적으로 수용하는 것은 별문제로 하고 세상에서 가장 위대한 것은 우리 모두의 가슴에 직접 와 닿는 일이라는 생각이다. 사람들이 흔히 먹고 살기 너무 바쁘다는 말들을 할 때 이렇게 나는 대꾸하고 싶다. 문명사회의 존재가치란 조화되지 않은 상태로 방치하는 대신 모든 사람의 의식주가 좀 더 잘 해결되도록 복잡다단한 생활수단들을 정리 화합시키는 총체집단적인 노력에 있고 이런 노력이란 더욱 충만하고 보람찬 삶을 의미하는 것이라고. 인생이란 삶 그 자체가 목적이고 살 가치가 있는가에 대한 유일한 질문은 네가 얼마나 실컷 삶을 살아보느냐에 따른 것이라고 미국 대법원판사로 법제사학자요 법철학자였던 올리버 웬델 홈즈 주니어는 말했다. 생각해보면 살아 숨

쉬는 동안 우리가 서로 주고받을 것은 사랑으로 숨 쉬는 우리 삶의 축배일 뿐 아니런가.

거울 속의 떡은 돌이 되고

김지하가 유아독존의 초야도인 이미지라면, 황석영에게선 시류와 대중적 관심에 셈 빠른 정치꾼 느낌이 묻어난다. 그들이야말로 문학을 넘어 청년기 우리들의 삶을 키운 진정한 시대의 거목들인데 요즘 그들의 노년은 그래서 더 서글프다. 젊은 시절 그토록 가슴을 뛰게 했던 옛사랑이 나이 들어 누추해져가는 모습을 보는 것 같아서라고 최근 언론인 이준희는 그의 칼럼에서 안쓰러워했다. 1991년 5월 나는 다음과 같은 공개서한을 고국의 하늘로 띄웠다.

해외에 거주하는 동포의 한 사람으로 삼가 외람된 글을 올립니다. 물론 조국을 떠나 사는 주제에 무슨 소리냐 대번 거부감을 느낄 수도 있겠지요. 하지만 해외에 나가면 누구나 좀 더 애국자가 되지 않습니까? 떨어져 봐야 그리움을 키울 수 있고 멀리서 바라볼 때 산의 제 모습이 드러나 보이지 않던가요.

우생은 김형과 같은 서울대학교문리대 동문으로 김형이 입학하던 해인 1959년 졸업했지요. 그 후 1970년 초 '思想界' 부완혁 발행인의 요청을 받고 부완혁 선생의 표현을 그대로 쓴다면 무보수 게릴라 편집장 일을 그 당시 몸을 담고 있던 회사일로 일본 출장을 다녀온 후부터 보기로 했었는데 일본에 있는 동안 김형의 장편 담시譚詩 '오적五賊'이 思想界 5월호에 실려 김형은 반공법 위반으로 체포되었고 思想界는 폐간되고 말았지요. 또 그 후 1972년 초 직장 때문에 영국에 가 있으면서 나는 김형이 발표한 또 다른 장편 담시 '비어蜚語'로 다시 체포되어 마산결핵요양원에 입원했다는 소식을 풍문으로 들었지요.

김형의 소식을 접할 때마다 수많은 다른 사람들도 그랬었겠지만 나 역시 흥분하고 짜릿한 쾌감까지 느끼곤 했습니다. 어쩌면 김형을 통해 정신적인 자위행위를 한 것인지도 모르겠군요. 하하……. 이렇게 70년대 옥중에 있던 김형을 위하고 키웠다는 단체가 지난 1991년 5월 9일 김형을 제명했다는 신문기사를 보고 나는 이 편지를 쓰게 되었습니다. 그런데 70년대 자유실천문인협의회로 출발, 현재 회원 5백여 명의 참여문학단체로 자랐다는 '민족문학작가회의'란 이름부터가 내게는 좀 이상하게 들립니다.

자고로 알찬 내용이 없을 때 일수록 요란하게 형식을 찾고 거창한 간판을 내 걸며 실제로 행동하는 실생활 삶 대신 말로만 글로만 때워버리지 않던가요. 목소리가 크고 이론이 많다는 것은 그만큼 실행과 실천이 없다는 반증 아닙니까. 칼릴 지브란이 그의 '예언자'에서 말하듯이 스스로를 거울 속에 들여다보는 떡은 돌이 되고 스스로를 자랑하는 착한 짓은 못된 짓이 되지요. 그리고 제명이다 파문이다 하는 것이 어째 중세 암흑시대를 연상케 하고 마치 이북의 김일성敎나 이남의 박정희敎에서 하던 짓거리 같군요. 내 편 아니면 모두 죽일 원수, 나 아니면 남, 백이 아니면 흑이라는 유치무쌍한 억지놀음 말입니다. 문제는 이 세상의 모든 폭군을 몰아내기 전에 우리 각자 가슴과 머릿속에 있는 폭군부터 몰아내야 하지 않을까요.

그렇다면 우리 모두 생활인으로서 삶을 사는 사람일 뿐, 시인이다 문인이다 아니면 어떤 다른 직업인으로 고답적인 레테르를 붙이고 피부에 해롭다는 배우화장까지 할 필요가 없을 겁니다. 인생 자체가 무대라고는 하지만 그렇다 해도 그런대로 우리 모두 진지하나 매사에 너무 심각할 것도 없이 서로를 이해하고 위하는 것이 곧 자기 자신을 이해하고 위하는 것임을 알아야 할 것 같습니다. 그러기 위해서는 무엇보다 먼저 우리 사회에 잡초처럼 무성하고 가시넝쿨같이 뻗어 사람, 특히 어린이들을 울리고 다치게 하는 엉겅퀴 뿌리를 뽑아버려야 하지 않을까요.

종교인, 문화인. 예술인에 대한 미신迷信부터 타파하자는 것이지요. 세상살이 모든 게 다 예술이고 모든 게 다 배움인데 예술마당의 모래사장 모래알 하나, 배움의 바다 물방울 하나 갖고 예술인이다 학자다 할 수 있을까요. 새장에 갇힌 새는 새가 아니듯 종교라는 새장에 갇힌 신은 신다운 신이라 할 수 없지요. 종교인이나 성직자들이 편파적으로 편애하는 신을 믿고 눈 감듯 따라가기보다 우주만물의 우리 모두 하나 됨을 우리 각자 스스로 깨달아 믿고 섬기도록 해야 하지 않을까요. 하늘과 땅에 있는 우리 모두의 하나님을 찾아 나선 인생순례에 나와 네가 따로 있을 수 없지요. 삶이란 네 죽음이 내 죽음이고 우리 모두의 죽음이지요. 예수의 말마따나 목숨을 얻고자 하는 자는 잃을 것이오, 잃고자 하는 자는 얻을 것이고, 어차어피於此於彼에 조만간 다 숨져 사라질 덧없는 목숨들끼리 더 좀 선의와 호의로 서로를 대하면서 한없이 애달프도록 아름다운 삶과 사랑을 잠시나마 나누어 보자는 뜻에서입니다. 문인도 학자도 아닌 한 사람의 독자의 입장에서 망언다사妄言多謝이옵니다.

1991년 5월 15일
미국 뉴저지에서

붕어빵이 될 순 없지

수학논리에 역逆도 진眞이다 라는 말이 있다. 반反공식이 통한다는 말이다. 최근 싸이의 강남스타일이 일세를 풍미하고 있다. 어째서일까. 여러 가지 분석과 유추가 가능하겠지만 기존의 전통적인 스타일에 반하는 앤티 히로, 앤티 스타로 얼짱도 몸짱도 아니면서 아이돌을 무색케 할 특색 있는 개성을 살린 결과가 아닐까. 그렇다면 우리 모두 싸이처럼 각자의 개성을 찾아 각자의 유일무이한 스타일을 개발할 수 있지 않을까. 몰개성이야말로 자신을 망각한 자기부정이고 자아포기며 자아배신이요 자아 상실일 테니까. 만인이 있다면 세상사는 방식도 만 가지일 텐데 붕어빵이 될 순 없지 않을까. 각자는 각자의 스타일로 자신의 삶을 살 때 기적이 일어나는 것 같다.

우리 잠시 아인슈타인의 말을 되새겨보자. '네 삶을 사는 두 가지 방식이 있을 뿐이다. 하나는 세상에 기적이란 없다고, 또 하나는 세상만사 다 기적이라고 There are only two ways to live your life. One is as though nothing is a miracle. The other is as though everything is a miracle'

옛날 아주 먼 옛날 옛적에 동물들이 그 당시 그들이 직면한 신세계의 여러 가지 어려움을 극복키 위해 대응책을 강구했다. 그 결과 학교를 하나 세웠다. 교과 과목으로는 달리기, 오르기, 헤엄치기, 날기가 채택되었다. 이 교과 과정을 철저히 이행키 위해 모든 동물들이 전 과목을 하나도 빠짐없이 다 이수토록 했다. 오리는 헤엄치기에 있어서는 우등생으로 선생님보다 더 잘했으나 날기는 겨우 낙제점수를 면했고 달리기에서는 낙제수준이었다. 그래서 달리기를 좀 더 잘해보려고 오리는 헤엄치기 시간을 빼먹으면서까지 방과 후에도 계속 달리기만 연습하다 보니 발바닥이 다 닳아 그 잘하던 헤엄치기가 보통 수준이 되고 말았다. 그래도 보통 수준이면 되는 까닭에 아무도 걱정하지 않았다. 당사자 오리 외에는.

달리기를 반에서 일등으로 출발한 토끼는 헤엄치기 보충수업을 받느라고 다리 근육에 신경성 경련증이 생겼다. 다람쥐는 오르기를 기차도록 잘했지만 날기에는 언제나 좌절감을 느껴야 했다. 왜냐하면 선생님이 날기를 나무 꼭대기로부터 아래로 시키지 않고 꼭 땅에서부터 위로 날아보라고 하는 바람에 그렇게 너무 애쓰다 보니 그의 팔다리 근육이 고통스럽게 오므라드는 비수의非隨意 발작성 수축증에 걸렸다.

그런가 하면 한편 독수리는 문제아였다. 다른 학생들과 동조하지 않고 선생님 말씀에 복종하지 않는 그의 반골기질과 그의 독자적인 주체성과 창의성 때문에 동급생들로부터 왕따는 물론 선생님의 심한 벌과 고문까지 당했다. 그래도 그는 언제나 끝까지 굽히지 않고 제 방식과 제 뜻을 고집, 날기 시간마다 다른 학생들 다 제치고 나무꼭대기 위로 제일 먼저 날아올랐다.

이상은 '삶의 계절을 타고 튼튼하고 씩씩하게 자라기'란 책의 내용 일부를 수정해본 것이다. 한 사람의 인생이 어떤 출발점에서 어떤 방향으로 어떻게 발전하는가를 결정해 준 것은 제 선택이나 멋대로 된 것이 아니라 하늘의 섭리 또는 사주팔자 소관 아니면 또 뭣이라 하든 우연인지 필연인지 간에 그의 출생과 환경변이였다는 사실을 부인할 수 없으리라. 독수리가 저는 독수리로 태어났다고 달팽이로 태어난 달팽이 보고 너도 나처럼 하늘 높이 빨리 좀 날아보지 못하고 어찌 그리도 느리게 낮고 낮은 땅에서만 겨우 가까스로 기어 움직이느냐고 비웃을 수 있을까.

타타타
가슴 타는 대로

우리말에 안 쓰면 녹슨다는 말이 있듯이 영어로는 쓰지 않으면 잃는다 Use it or lose it라는 말이 있다. 잘 알다시피 몸과 머리는 물론 마음까지도 말이다. 상대성이론을 창안한 물리학자 알버트 아인슈타인의 뇌 일부 영역에는 일반인 뇌보다 많은 주름이 잡혀있어 그의 천재성을 설명해주는 단서가 되고 있다고 라이브사이언스 닷컴이 최근 보도했다. 이 주름이란 머리를 많이 써서 생긴 것임에 틀림없다.

마음도 한 가지로 많이 쓸 때 우리 삶이 더욱 풍요롭고 아름다워지는 게 아닐까. 우리가 흔히 가슴 아프다고 말할 때는 이웃의 슬픔과 아픔을 더 좀 나눌 수 없거나 그 누군가를 더 좀 사랑할 수 없어 안타까울 때이다. 그리고 아무도 아무 것도 아무리 사랑해도 결코 지나칠 수 없어 가슴 미어지고 아프도록 슬퍼할 따름이다. 영원이란 우리가 사랑하는 대상 그 자체가 되는 섬광처럼 번쩍이는 그 일순간이라고 믿었다는 독일의 신비주의자 야콥 뵘므(1575-1624)의 말이 문득문득 되살아난다. 정녕 그렇다고 할 것 같으면 사랑하는 대상이 많으면 많을수록 그만큼 다양하게 여러 대상 그 자체가 되어보기도 할 것이고 그만큼 오래오래 두고두고 영원히 번득이는 찬란한 삶을 살게 되리라.

왜 그런가 하면 생각하기에 아니 느끼기에 따라서 사랑하는 대상의 모든 것 전부를 전부가 아니라 하더라도 그 일부 내가 그리워할 수 있는 만큼 내가 희망해 볼 수 있는 만큼만 그 만큼씩만이라도 그 대상이 바로 나 자신이 되기 때문 아닐까. 마치 바닷가 모래사장에서 뛰노는 어린애들이 소라껍데기 주워 모아서 하나씩 정성껏 목걸이 꿰어 만들듯 조금씩 엄마 젖 빠는 갓난아기가 조금씩 엄마 되는 것 같이, 잔칫상에 아무리 음식이 많더라도 내가 먹고 마실 수 있는 만큼만 내 피가 되고 살이 되는 것과 마찬가지로…….

세상에 아무리 꽃과 별이 많아도 내가 바라볼 수 있는 것만큼뿐이고 세상에 아무리 소리가 많다 해도 내가 들을 수 있는 것밖에 없다. 그밖에는 있어도 없는 것 아니랴. 꽃을 보는 눈은 꽃이 될 것이고 별을 보는 눈은 별이 될 것이며 음악을 듣는 귀는 음악이 되리라. 사랑하는 만큼 우리 가슴 뛴다면 우리 가슴 뛰는 만큼 사랑하기다. 아름답게 순수하게 거침없이 숨 쉬듯 사랑하자. 한 사람도 좋고 열 사람도 좋고 한 가지도 좋고 백 가지도 좋다. 꽃도 나무도, 봄도 가을도, 비와 바람도 좋고 다 좋다. 꿈도 추억도 좋아하면 좋아할수록 더 좋아시고 좋아하는 만큼 네가 되고 좋아하는 만큼 내가 되는 것이며 좋아하는 만큼 우리 사는 것이리다.

타타타, 산스크리트의 범어梵語로 바로 그거야. 프랑스어로는 C'est la vie. 영어로는 That's life. 우리말로 가슴 뛰는 대로 살자는 뜻이리라. 인습, 도덕, 전통, 사상, 인종과 연령을 초월해서, '타타타' 모든 것을 초월한 사랑불에 가슴 타는 대로 타타타 바로 그거지! 너도 나도…….

미소의 가치

심리학자 소냐 류보머스키Sonja Lyubomirsky 교수의 지적대로 원하는 직장, 집, 차, 옷 또는 배우자나 애인이 생겼을 때 느끼는 희열과 기쁨은 잠시일 뿐 오래가지 않는다. 그녀는 금년초(2013년 1월 3일) 출간된 책 '행복의 신화들' 에서 행복감을 느끼게 해줄 법도 한데 그렇지 않고, 행복하게 해주지 않을 법 한데 행복하게 해주는 것들The Myths of Happiness: What Should Make You Happy, but Doesn't, What Shouldn't Make You Happy, but Does.'에서 그렇게 말했다.

사랑스럽고 상냥한 여인이 있지
이처럼 내 맘에 드는 얼굴을 본 적이 없어
나는 이 여인이 지나치는 모습 봤을 뿐이지만
내 목숨 다하는 날까지
이 여인을 난 사랑할거야.

이렇게 영국시인 바네입 구지는 '사랑스럽고 상냥한 여인이 있지'란 시에서 실토한다. 어디 그뿐인가. 소월은 '초혼'에서 산산이 부서진 이름이여 부르다가 내가 죽을 이름이여라고 절규했고, 류시화는 그대가 내 옆에 있어도 난 그대가 그립다고 했던가. 이렇게 언제 어디서나 꼭 생각나는 사람이 있는 사람은 행복하다. 연인, 배우자, 부모, 형제, 자식, 벗, 그 누구라도 좋다. 못지않게, 아니 어쩌면 그보다 더욱 행복한 사람은 누군가에게 늘 떠오르는 사람이 되는 것이 아닐까.

그렇다면 그런 사람은 어떤 사람일까? 목마른 이에게 물 한 모금, 배고픈 이에게 밥 한 술, 외로운 이에게 다정한 말 한 마디 건네는 사람이 아닐까. 샌프란시스코의 금문교가 1937년 처음 놓인 이후로 수천 명이 평균 2주에 한 명 꼴로 이 다리에서 투신자살을 했다. 그 중 한 명은 30대 남성으로 그가 집을 나서면서 자기 베갯머리에 이런 쪽지를 남겼다고 한다. '다리(금문교)까지 가는 동안 단 한 사람이라도 내게 미소를 지어준다면 나는 투신자살하지 않겠다.'

역사적으로 모진 세월을 살아왔기 때문일까. 한국인들은 고아처럼 무표정하다고 한다. 시애틀에서는 '키스학교'가 성업 중이고, 프랑스 파리에서는 '연애학원'이 인기라는데 우리도 마음의 구김살 좀 펴 보도록 거울이라도 보면서 미소 짓는 연습이라도 해보면 어떨까. 서로 인상 쓰지 말고……. 언젠가 이런 글을 읽은 적이 있다. '미소는 돈 한 푼 안 들이고도 요술처럼 기적 같은 일을 일으킨다. 주는 사람은 허전하지 않고 받는 사람은 넉넉하게 해준다. 비록 순간적이지만 그 기억 영원하다. 부자라도 미소를 모르면 불행하고 가난해도 미소가 있으면 행복하다.'

선의와 호감, 이해와 동정, 우정의 표시, 행복의 상징, 지친 사람에게는 안식, 낙담한 자에게는 희망, 슬픈 이에게는 위로요, 자연이 마련한 해독제, 미소는 돈 주고 살 수도 구걸할 수도 억지를 쓸 수도 없는 것. 왜냐하면 풀꽃 잎에 맺히는 밤이슬처럼, 땅속에서 솟아오르는 샘물처럼, 어둠의 장막을 제치고 떠오르는 아침 햇빛처럼, 밤하늘에 반짝이는 별빛처럼, 스스로 떠올라 나타날 때까지 그 어느 누구도 소유할 수 없고, 그 어느 누구에게도 소유되지 않는 이 세상 보배 중에 보배이기 때문이리.

신神이란 웃을 줄 모르는 청중을 상대로 한 코미디언이라고 프랑스의 계몽사상가 볼테르는 말했는데 아마도 그래서 회교경전 코란에 제 이웃과 벗을 웃게 하는 사람은 천국에 들어간다고 했는가 보다. 페르시아의 이슬람학자 바스라의 하산 Hasan of Basra이 했다는 우주의 수수께끼 같은 말을 음미해보자. '등불 들고 가는 어린애를 보고 I saw a child carrying a light 그 불을 어디서 가져왔느냐고 물었더니 I asked him where he had brought it from 그 아이가 그 불을 훅 불어 끄고 말하기를He put it out, and said 자 이제 그 불빛이 어디로 갔는지 말해보세요Now you tell me where it has gone'

인생은 꿈이어라

40여 년째 영국에 사는 친구가 지난 연말 이메일을 보내왔다.

'이해도 저물어 갑니다. 한반도에 2012년은 두 가지 큰 일이 있었지요. 북쪽에서는 미사일 은하 3호를 발사 성공시키고, 남한에서는 싸이가 강남스타일로 세계를 깜짝 놀라게 하였지요. 옥스퍼드 유니언강당 연단에서 행한 싸이의 명강의는 눈물 날 정도의 명품강의였습니다. 한 맺힌 한민족 대단합니다. 북쪽의 미사일 발사 성공은 전 세계를 위협하는 공포물이었고, 남쪽의 강남스타일은 온 인류를 즐겁게 해주는 가무였습니다. 어느 쪽이 인류사회를 행복하게 했겠습니까?'

프랑스의 점성술가 노스트라다무스의 예언서에 나오는 한 구절을 보자. '춤추는 말의 숫자의 원이 9개가 될 때 고요한 아침에 종말이 올 것이다From the calm morning, the end will come when of the dancing horse the number of circles will be 9.' 여기에서 고요한 아침은 고요한 아침의 나라 한국을, 춤추는 말은 싸이의 말춤을, 숫자의 원이 9개가 될 때는 강남스타일의 유튜브 조회 수가 10억 건에 도달할 것으로 예상된 12월 21일이라는 해석이 흥미로웠다. 멕시코 남부지역에 있던 마야 문명은 특히 천문학이 발달 했었다는데 유적지에서 발굴된 5125년짜리 태양력 달력이 기원전 3114년 8월 13일 시작해 2012년 12월 21일 끝난다고 해서 지구의 종말론이 전 세계적으로 화제가 되었었다. 인류역사 이래 종말론은 언제나 있어 왔다. 이는 인간의 공통된 심리상태에서 유발된 것임에 틀림없다. 아마 우리 모두 기억하리라. 어렸을 때 공부나 숙제하기 싫어 학교에 불이라도 났으면 했듯이 삶에 지쳐 살기 힘들 때 죽고 싶어도 혼자 죽기 억울해 차라리 세상이 끝장나 버렸으면 하는 우리 모두의 잠재의식적인 희망사항 아닌 절망사항이 생기는 게 아닐까.

어떻든 아무리 힘들고 슬프고 절망할 일이 많다 해도 이 세상에 태어난 게 태어나지 않은 것보다 얼마나 다행인가. 실연당한다 해도 사랑해 본다는 게 못해보는 것보다 얼마나 아름다운가. 우리 진지하게 생각 좀 해보자. 우리 모두는 어디서 왔다가 어디로 가는지 이 영원한 수수께끼를 그 누가 풀 수 있을까마는 막연하게나마 감을 잡을 수도 있지 않을까. 다섯 살 때 돌아가신 아버님이 입관되어 장지로 떠나는 날 아침이었다. 아빠에게 작별 인사하라고 하시는 어머님 따라 병풍 뒤로 가서 관속에 누워 계신 아빠의 얼굴을 보니 평상시 모습과 다름이 없으나 그냥 잠들어 계신 것만 같았다. 그 후로 품게 된 의문이 숨넘어가기 직전과 직후 뭣이 다른가였다. 겉모습의 신체적인 형상만으로는 다름이 없고, 숨이 들락날락하는 동안은 살아 숨 쉬는 생명이지만 마지막으로 숨을 내쉬고 거두는 순간 시체가 되는 게 아닌가. 그래서 영어로 숨을 내쉰다는 뜻으로 expire라 하면 의학적으로는 죽는다는 뜻이 되는가 보다. 어원학적으로 그리스어와 라틴어에서 비롯된 이 spirit이 숨과 생명의 동의어가 된다면 기호 H_2O로 상징되는 화학요소가 고체인 얼음 상태에서 날씨가 더워지면 녹아 액체인 물로 변했다가 더 몹시 더워지면 증발해 수증기가 되듯 말이다.

우리가 밤에 자면서 꿈꾸는 동안은 꿈인 줄 모르다가 잠에서 깨어날 때 비로소 꿈이었음을 알게 되지만 더러는 꿈꾸는 동안에도 어렴풋이나마 이게 꿈인데 하는 자각을 하게 되지 않던가. 이처럼 어쩜 우리가 살다가 숨을 거두고 이승을 떠나는 순간 이승의 삶이 한낱 꿈이었음을 깨닫게 되지 않을까. 그렇다면 우리 삶은 꿈이어라.

꿈이어라 꿈이어라
우리 삶은 꿈이어라
꿈속에서 꿈꾸는
우리 삶은 꿈이어라.
우리 삶이 꿈이라면
우리 서로 사랑하는
가슴에 수놓는
사슴의 꿈이어라.
우리 삶은 꿈이기에
꿈인 대로 좋으리라.
우리 삶이 꿈 아니라면
그 어찌 사나운 짐승한테
갈가리 찢기우는
사슴의 슬픔과 아픔을
참아 견딜 수 있을까.

숨이어라 숨이어라

우리 삶은 숨이어라.
숨속에서 숨쉬는
우리 삶은 숨이어라.
우리 삶이 숨이라면
우리 모두 하늘 우러러 숨쉬는
사슴의 숨이어라.
우리 삶은 숨이기에
숨인 대로 좋으리라.
우리 삶이 숨 아니라면
그 어찌 사나운 비바람
천둥번개 무릅쓰고 뛰노는
사슴의 기쁨과 즐거움을
마냥 맛볼 수 있을까.
우리 서로 사랑하는
가슴이 준 말
사슴이 되어라.

짝사랑과 스토킹

최근 전기가 두 권 출간되면서 미국 3대 대통령 토머스 제퍼슨의 모순되고 위선적인 삶이 새롭게 조명되고 있다. 그가 작성한 미국 독립선언문에서 '모든 인간은 평등하게 창조되었다'고 선언한 제퍼슨은 인종주의 골수분자로 175명의 노예를 소유했고 노예제도를 적극 지지 옹호했다. 한국에선 3월 말부터 지속적인 스토킹도 경범죄로 처벌된다. 경범죄처벌법 시행령 개정안이 심의, 의결됨으로써 상대방이 명시적인 거부의사를 밝혔는데도 지속적으로 만남이나 교제를 요구하는 스토킹을 하면 범칙금으로 8만원이 부과된다. 범칙금 부과가 오히려 면죄부를 줄 가능성이 있다는 우려와 함께 스토킹은 경범죄가 아닌 중범죄로 다뤄야 한다는 여론도 일고 있다.

한번 생각해보자. 짝사랑과 스토킹의 차이가 뭣인지. 짝사랑은 누군가를 혼자 좋아하는 것이지만 스토킹은 상대를 괴롭히는 게 아닌가. 젊은 날 셰익스피어의 오텔로를 읽다가 그 작품 속의 주인공 오텔로가 그의 부인 데스데모나를 의심, 증오와 질투심에 불타 아내를 목 졸라 죽이면서 '그녀를 너무 사랑하기 때문'이란 말에 펄쩍 뛰었다. 사랑이라고? 사랑은 무슨 사랑? 사랑과 정반대를 한 것이지. 사랑이란 가장 숭고하고 아름다운 인간의 진실을 더할 수 없이 모욕한 어불성설이라 격분해서 씩씩거렸다.

또 옛날에 미국 음악영화 로즈 마리를 보고 그 끝 장면에 무릎을 치면서 스토리의 결말이 좋아 쾌재를 불렀다. 백인 기마대가 어느 인디언 원주민 부락을 습격, 남녀노소 가리지 않고 죄다 학살했는데 어떻게 한 어린 소녀가 살아남은 것을 이 기마대 상사가 자식같이 키웠다. 이 아이가 커서 아리따운 처녀가 되자 상사는 이 처녀를 마음속으로 사랑하게 되었다. 처녀는 상사 아저씨를 생명의 은인으로 고맙게 생각하고 존경하면서 은혜에 보답하기 위해서라도 상사 아저씨가 원하면 그와 결혼해야겠다고 마음먹었다. 그러던 어느 날 처녀는 뜻밖에 어떤 젊은 사냥꾼을 만나 둘이 서로 사랑하게 된다. 상사 아저씨를 저버리고 임을 따라갈 수 없어 고민하는 처녀를 상사 아저씨가 말에 올려 태우고 말 엉덩이를 손바닥으로 탁 쳐서 처녀를 기다리고 있는 사냥꾼에게로 보낸다.

3대 독자에다 유복자로 태어나 자식을 열둘이나 보신 선친께선 자식들은 물론 모든 어린이를 극진히 사랑하는 마음에서 손수 지으신 동요와 동시, 그리고 아동 극본들을 모아 경술국치 후 일제 강점기 초기에 우리말로 '아동낙원'이란 책을 자비로 500부 출간하셨다. 꼭 한 권 집에 남아있던 것마저 6 · 25 전쟁 때 없어지고 말았다. 글을 처음 배우면서 읽은 '아동낙원' 속의 '금붕어'란 동시 한 편의 글귀는 정확히 기억을 못해도 그 내용만은 잊히지 않는다. 어느 비 오는 날, 어항 속 금붕어를 들여다보면서 어린아이가 혼잣말 하는 내용이다.

헤엄치고 늘 잘 놀던 금붕어 네가
웬일인지 오늘은 꼼짝 않고 가만있으니
너의 엄마 아빠 형제들 그리고 친구들 모두
보고 싶고 그리워 슬퍼하나 보다.
저 물나라 네 고향생각에 젖어
밖에 내리는 빗소리 들으며
난 네가 한없이 좋고 날마다 널 보면서
이렇게 너와 같이 언제나 언제까지나
한집에 살고 싶지만 난 너를 잃고 싶지 않고
너와 헤어지기 싫지만 난 너와 떨어지기가
너무 너무나 슬프지만 정말 정말로 아깝지만
난 너를 놓아줘야겠다.
너의 고향 물나라 저 한강물에.

그토록 어린 나이에 받은 깊은 인상과 감상 때문이었을까. 이때부터 나는 금붕어 철학을 갖고 살아온 것 같다. 어려서 벗들과 놀 때도 언제고 어떤 친구가 조금이라도 싫다 하면 아무리 하고 싶은 일이었어도 그 당장 그만두곤 했다. 이렇게 해서 잃어버린 기회, 놓쳐버린 아가씨들이 부지기수이리라. 흔히들 여자가 노No 하면 메이비Maybe로, 메이비 하면 예스Yes로 새겨들으라지만 고지식하게 상대방의 말을 곧이곧대로 액면 그대로 받아들여 거듭 거듭 낭패만 보았나 보다. 그렇다 해도 저 어린 왕자의 저자 생떽쥐베리의 말처럼 정녕 삶이란 있을 법하지 않은 것을 추구하는 것이라면 세상에 어떤 기쁨도 참된 인간관계 밖에서는 맛볼 가망조차 없으리라.

코스모스 칸타타 코스미안

'헤엄쳐라, 가라앉지 않으려면Sink or Swim'

우리 자신은 물론 자식들에게도 적용할 생존의 법칙이다. 특히 자녀교육에 좋은 지침이 될 만한 책이 새로 나왔다. 한마디로 온실의 화초처럼 키우지 말라는 얘기다. 최근 출간된 '반反약골: 무질서에서 찾을 수 있는 것들Antifragile: Things That Gain From Disorder'은 뉴욕대 폴리테크닉 인스티튜트의 저명한 교수 나심 니콜라스 탈렙이 썼다. 이 책은 2007년에 나온 그의 베스트셀러 '흑조Black Swans'의 속편으로 이 백조白鳥가 아닌 흑조는 전쟁이나 인터넷 등장과 같은 예측불허의 엄청난 사태를 의미한다. 이처럼 날로 증가하는 불확실성과 휘발성에서 야기되는 위험과 삶의 덧없음에 어떻게 대응할 것인가에 대해 저자는 강골이 되라고 한다. 온갖 스트레스, 시행착오와 변화 등에 허우적거리며 혼돈에 빠질 게 아니라 뭣이든 닥치는 대로 역이용하라는 것이다. 우리 식으로 풀이하자면 마음먹기에 따라 전화위복으로 삼을 수 있다는 말이다.

이는 학교에서 탁상공론으로 배울 수 없고 실생활에서 삶을 통해서만 체득할 수 있는 게 아닌가. 다시 말해 인생이란 학교에서 꾸준한 인간수업을 통해서 가능하지 않을까. 생각 좀 해보자. 세상에 그림자 없는 빛이 없듯이 실망하지 않을 기대란 없을 테고 상처받지 않을 사랑도 없을 것이다. 사랑을 모르는 인형이, 고독을 모르는 동상이, 눈물을 모르는 조각이 되기보다 거짓을 외면한 진실을, 자연을 외면한 진리를 찾기보다 모든 것의 아름다움을 발견하는 알뜰살뜰한 사람이 되리라. 추함도 천함도 잃음도 없음도 모두를 살리는 살림꾼이 되어…….

우리말에 같은 이슬이라도 매미가 먹으면 노래가 되고 벌이 먹으면 꿀이 되나 뱀이 먹으면 독이 된다지만 독조차 약이 될 수 있지 않을까. 그러고 보면 세상에 버릴 게 없고 나쁜 날씨란 없어 여러 가지 다른 종류의 좋은 날씨가 있을 뿐이리. 이것이 바로 자연의 조화가 아닌가. 어쩌면 이것 또한 그 동안 내가 인생이란 종이에 삶이란 펜으로 사랑의 피와 땀 그리고 눈물을 잉크 삼아 써온 '나' 아니 우리 모두 너와 나의 자서전적 낙서라고 할 수 있으리라. 소년시절 나는 코스모스가 좋았다. 이유도 없이 그저 좋았다. 그 청초한 모습과 하늘하늘 곱고 아리따운 자태 때문이었을까. 보기만 해도 아니 생각만 해도 가슴 떨리고 뜨겁게 얼굴이 달아올랐다. 감히 가까이 가지도 못하면서…….

코스모스의 꽃말이 소녀의 순정을 뜻한다는 것을 알고 청년이 된 나는 코스모스를 뜨겁게 뜨겁게 사랑하게 되었다. 미치도록 죽도록, 벙어리 냉가슴 앓듯 남모르는 열병 코스모스 상사병을 나는 앓기 시작했다. 그러면서 나는 코스모스 같은 소녀를 찾아 나섰다. 미움과 모짐, 혼돈과 혼란 속에서도 사랑과 평화로 조화를 이룬 아름다운 우주 코스모스를 찾아, 억지와 무리가 없고 질서정연한 세계, 사랑의 낙원을 찾아……. 언제 어디서나 코스모스 같은 아가씨가 눈에 띄면 원초적 그리움 솟구치는 나의 사랑을 고백했다. 타고난 태곳적 향수에 젖어 정처 없이 떠돌아 방황하던 시절, 이미 어린 나이에 사랑의 순례자가 된 나로서는 독선과 아집으로 화석화된 어른들의 카오스적 세계가 보기 싫어 순수한 사랑으로 코스모스 속에 새롭게 태어나고 싶었다.

그러나 나는 아무도 사랑할 수 없었다. 나 자신을 사랑하지 못하는 한 그 아무도 진정으로 사랑할 수 없다는 것을 비로소 깨닫게 되었다. 바람 한 점에도 코스모스 출렁이는 바다 됨은 다 늙어 깨우침에 아직도 미련의 노래 남아서일까. 현재 있는 것 전부, 과거에 있었던 것 전부, 미래에 있을 것 전부인 대우주를 반영하는 소우주가 인간이라면 이런 코스모스가 바로 나 자신임을 깨닫게 되는 순간이 사람이면 그 어느 누구에게나 다 있을 것이다. 이러한 순간을 위해 너도 나도 우리 모두 하나같이 인생순례자, 세계인 아니 우주인 '코스미안'이 된 게 아닐까. 하늘하늘 하늘에 피는 코스모스바다가 되기 위해.

변화는 상수
별 하나 나 하나

집권 2기 임기를 시작하는 오바마 대통령은 1월 21일 제44대 미국 대통령 공식 취임선서식에서 향후 4년의 국정 운영과 비전을 밝히는 취임연설을 통해 우리 시대가 변하는 만큼 우리 자신도 변해야 한다고 강조했다. 중국 주周나라 때의 경서經書로 천문, 지리, 인사, 물상을 음양陰陽 변화의 원리에 따라 해명한 역경인 '주역周易'의 역易은 변화를 뜻하고 그래서 주역을 영어로는 'The Book of Changes'라 한다. 생각해보면 세상도 인생도 변화의 연속이 아니던가. 어린애가 이 세상에 태어나는 순간부터 순간순간 그 모습은 물론 그 성정도 변하지 않던가. 마찬가지로 세상물정物情도 나날이 달라지지 않던가.

지난 2005년 20년 이상 허가가 나기를 기다려 2천만 불 이상의 자금을 동원, 뉴욕의 센트럴파크에 2주간 '문The Gates'이 설치됐었다. 7천5백3십2개의 문의 의미가 무엇이냐는 질문에 설치미술작가 크리스토와 진 클로드의 대답이 그들의 작품보다 더 걸작이었다. 당신이 생각한 그대로. 이것이 어디 이 문 뿐이겠는가.

세상만사 매사가 다 그렇다고 할 수 있지 않을까. 다시 말해서 의미란 각자 자신이 부여하는 것이란 뜻이다. 마치 페르시아의 동화에서처럼 '아브라카다브라abracadabra'라고 외우면 문이 열린다는 주문 말이다.

21세기의 혁명적 '그린 에너지'로 중동 기름이 필요 없는 시대가 우리 눈앞에 도래하고 있다는 뉴스다. 지난 17년간 2천만 불을 투입하고 자신의 회사 연구원 핵융합 전문과학자 50여 명을 미해군연구소에 파견 '저에너지LENR' 프로젝트 공동연구 개발을 성공시킨 **J.W.K.** 대표는 **J.W.Kim** (한국이름은 김재욱) 박사로 이 회사는 40년 이상의 전통을 가지고 있으며 석 · 박사 학위를 가진 연구원만 150여 명을 거느리고 있다. 원자핵을 낮은 온도에서 융합하는 콜드 퓨전Cold Fusion으로 바닷물을 이용해 핵을 융합하면 무한정한 전력을 만들 수 있게 되고, 이렇게 새로운 에너지 산업이 미국과 한국의 기술진으로 지구 온난화란 골칫거리를 해소하는 날이 다가오고 있어 이 **J.W.K.**회사는 1, 2년 후에는 2천억 달러의 돈방석에 올라앉을 것으로 보인다는 보도다.

우리말에 꿈보다 해몽이라고 하듯이 현대 서양의학에서도 '플라시보 효과placebo effect'라고 약성분이 전무한데도 환자가 약품이라고 믿으면 그 어떤 약 못지않게 약효가 있다고 하지 않는가. 이것은 곧 믿음의 문제라고 할 수 있겠다. 따라서 신앙을 통해 어떤 신을 발견하는 사람이 있다면 그 반대로 신앙을 포기함으로써 좀 더 참다운 하느님을 찾는 사람이 있을 수 있다. 이럴 때 신앙이란 마음 문을 닫느냐 여느냐에 따라 독선독단의 아전인수식 편파적으로 편애하는 말하자면 인격보다도 못한 신격의 신답지 않은 신을 믿느냐 마느냐의 문제일 것이다.

몇 년 전 한국에서는 '없다' 시리즈가 유행했었다. '예수는 없다' '붓다는 없다'를 비롯해서 '한국은 없다' '한국사는 없다'가 있었는가 하면 '깨달음은 없다'라는 책까지 나왔었다. 그리고 '공자가 죽어야 나라가 산다'나 아줌마 논객 이경숙의 '노자를 웃긴 남자'가 '먹물은 없다'가 되었고 어떤 목사님이 쓰신 '교회가 죽어야 예수가 산다'는 또 하나의 '예수는 없다'가 되었다면 어떤 스님이 '절이 죽어야 부처가 산다'는 책을 쓸 법도 했었다.

한편 하버드대 펠레그리노 석좌교수이며 미국 학술원 회원으로 20여 권의 과학 명저를 저술해 미국 국가과학메달과 국제생물학상을 수상한 에드워드 윌슨Edward O. Wilson의 저서들은 한마디로 생태계 없이는 인간성도 없다로 요약될 수 있을 테고, 인도의 과학, 기술, 생태계연구재단의 대표로서 개발과 세계화란 명목으로 자연을 약탈하고 있는 서구문명을 비판해 제3세계의 노벨상인 '올바른 삶을 기리는 상Right Livelihood Award' 수상자인 반다나 시바Vandana Shiva의 저서들은 '자연=여성, 과학=남성'으로 해석, 이성-합리성 맹신이 생태재난의 주범이라며 직관, 유연, 포용의 여성성 회복을 주장한다. 과학은 어머니 대지를 죽였다며 과학(남성)이 죽어야 자연(여성)이 산다는 것이다. 다시 말해 자연 없이 문명도 없다는 결론이다. 이른바 사랑의 복음을 전파한다는 세계의 모든 종교인들이 교리를 초월해서 사랑으로 대동단결하기는커녕 수많은 교파로 갈라져 파쟁만 일삼아 왔으니 이교도 이방인 정벌에 나선 십자군이 또한 분열하여 혼란을 일으킨 나머지 사랑이라는 개념을 타락시켜버리고 말았다.

종種 차별주의, 다시 말해 인간이 다른 생물보다 우월하다는 생각은 인종차별주의Racism이며, 마찬가지로 시대에 뒤떨어진 사상이고 잡아먹거나 실험대상으로 삼기 위해 동물을 사육하는 것은 노예제도만큼이나 나쁜 짓이다. 이것은 10여 년 전 프린스턴대학에서 생물 윤리학 강좌를 맡도록 선임되어 물의를 빚었던 피터 싱어Peter Singer교수가 '동물해방Animal Liberation'이란 그의 저서에서 주장하는 말이다. 이제 서력기원 21세기를 맞은 지도 벌써 13년째이지만 인류는 아직도 세계 곳곳에서 대량살상을 일삼고 있으니 언제나 철이 좀 들는지 모르겠지만 비관 절망할 일만은 아닌 것 같다. 왜냐하면 만시지탄을 금할 길 없으나 근년에 와서 소위 선진문명 사회의 동향이 180도로 급선회하고 있기 때문이다. 많은 서양 사람들이 동양으로 눈을 돌려 동양 고유의 오래된 노장철학과 원효의 화쟁사상 등에서 인류의 구원과 진로를 찾기 시작한 것이다. 그도 그럴 것이 지난 수백 년 동안 서구 사회는 월등 우세한 총기의 힘으로 전 세계를 지배하고 서양 물질문명의 발달로 온 지구생태계를 파괴, 인류의 자멸을 재촉해왔으니 더 이상 기존의 가치관이나 사고방식, 정복의 대상으로서의 자연관, 착취 대상으로서의 대인관, 아전인수식의 선악관이나 흑백이론으로는 그 해답이 없음을 늦게나마 서양인들이 깨닫기 시작한 것 같다. 그래서인지 종교, 사상, 과학, 의학, 문학, 예술 각 분야에서 그 대표적인 서양의 선각자들이 이구동성으로 마치 종래의 주기도문 외우듯 물아일체物我一體, 피아일체彼我一體를 읊조리는 것을 우리는 요즘 종종 듣고 보면서 회심의 미소 완이일소莞爾一笑로 빙그레 한 번 웃게 된다.

얼마 전 세계적인 서양의 과학자가 뉴욕타임스와의 인터뷰에서 하는 말이 그가 평생을 두고 과학에 전념해 온 결과 동물, 식물, 광물 가릴 것 없이 생명은 하나라고 했다. 또한 유명한 천문학자도 최근 본질적으로 별의 원소와 인간의 원소가 같은 물질이라 했다. 이것이 진리라면 우리는 어렸을 적부터 알았었지 않나. 여름 밤 마당에 돗자리 깔고 누워 하늘에 반짝이는 수많은 별들을 보면서 '별 하나 나 하나'라고. 그래서 예부터 많은 사람들이 믿어왔듯이 우리가 죽으면 모두 새 별이 되는지 아니 그럴 수밖에 없는지 모를 일이다.

안분지족安分知足 안빈낙도安貧樂道

한국인의 자살률이 세계에서 제일 높다지만 최근 뉴욕 동포사회의 대표적인 꽃이라 할 만큼 외모부터가 아름답고 찬란하고 화려한 경력과 능력의 소유자로 많은 사람에게 선망의 대상이던 모씨가 뉴욕 지하철에 투신자살했다는 비보는 너무도 충격적이다. 삼가 고인의 명복을 빌 뿐이다. 미국 작가 짐 해리슨의 신간 소설집에 수록된 단편 '다른 나라The Land of Unlikeness'에서 작가는 다음과 같은 7 가지 삶의 지침을 제시한다.

1) 밖으로 나가 많이 걸으라, 도시의 거리든 숲 속 공원이든.
2) 음식을 가려 먹으라.
3) 몸으로 못하면 눈으로라도 즐기라.
4) 자신에 대한 유머감각을 갖고 매사를 웃어 넘겨라.
5) 좋은 책을 읽고 좋은 생각만 하라.
6) 욕심 많고 떫은 인간들을 외면하라.
7) 스스로를 성찰하는 삶을 살라.

이를 편안한 마음으로 제 분수를 지키며 만족함을 안다는 뜻의 안분지족安分知足 또는 구차한 중에도 편안한 마음으로 도道를 즐긴다는 뜻의 안빈낙도安貧樂道란 한마디로 줄일 수 있지 않을까. 미국의 26대 대통령으로 노벨평화상까지 받은 테디 루즈벨트가 영어로 쓰인 가장 훌륭한 스토리라고 극찬한 바 있는 영국의 자연주의 박물학자 윌리암 헨리 허드슨의 '엘 옴부El Ombu : 남미에서 자라는 나무' 이야기에 이런 대사가 있다.

'어서 오게, 친구 니칸드로. 이 나무 그늘에 앉아 우리 얘기 좀 나누세. 이 오래된 옴부나무 잎에는 정치도, 야심도, 모사도, 적의도 어떤 악감정도 없지 않은가. 이 옴부나무 잎들은 우리의 월계관이지. 친구 니칸드로, 도시생활을 모르는 자네는 행복한 사람이야. 나도 자네처럼 초가지붕 밑에서 고요한 평원의 빛을 볼 수 있으면 좋겠어. 한 때는 좋은 옷을 입고 금으로 된 장신구를 몸에 걸치고 큰 집에 살면서 종들을 부리기도 했지만 나는 결코 행복하지 않았었네. 꺾은 꽃마다 내 손을 찌르는 가시로 변했지. 내 형편이 좋을 때 나를 따르던 자들은 초라해진 내 모습을 보자 다 날 버리고 떠나버렸지. 그래, 난 지금 가난하지만 이 가난을 난 소중한 유산으로 내 자식에게 물려줄 것이네. 이 부족함으로 평화가 있을 것이니…….'

영국의 평론가 윌리엄 해즐릿은 '개인의 신분에 대한 논고'란 그의 에세이에서 다음과 같이 말한다.

'내 생각에 세상엔 본질적으로 다른 두 가지 부류의 사람들이 있다. 하나는 어떤 무엇을 갖고 싶어 하는 사람이다. 잘 달리는 말들과 사냥개들, 훌륭한 마차와 옷 그리고 장신구 등을 갖고 싶어 그런 것들을 갖고 있는 사람들을 부러워하는 사람들을 내 주위에서 많이 본다. 그런데 나는 그런 느낌이 전혀 없다. 무엇을 소유함으로써 빛나기보다는 뭣이든 남보다 더 잘함으로 뛰어나고 싶을 따름이다. 힘을 좋아하지만 재산의 힘은 아니다. 뜀박질로 말할 것 같으면 사냥개 그레이하운드보다 더 빨리 뛰어보고 싶다. 그러나 세상에서 제일 빨리 달리는 그레이하운드를 갖는다는 일이라면 나는 부끄러워할 것이다. 내 개인적으로 인격적인 신분의 성분을 나 자신으로부터 내 것이라 부르는 내 소유물로 옮겨 전이시킬 수 없다. 그런데도 많은 세상 사람들은 그들 자신이 어떤 사람인가 보다 그들이 소유하는 것으로 그들 스스로의 값이 매겨지는데 만족해한다.'

서양 속담에 '사람이 무엇을 얼마나 가졌느냐에 따라 부자가 아니고 어떤 사람이냐에 따라서다'라는 말이 있다. 또 옛날 로마의 철인 세네카는 '너무 적게 가진 자가 아니고 더 탐내는 자가 빈자貧者'라고 설파하지 않았나. 얼마 전 영국 신문에서 보니 어느 영국 여자보다 높이 등산한 린 러트란드는 높이 2만 6천 5백 피트의 안나푸르나 제일봉을 오르기 위해 일곱 번째 히말라야 등정길에 오를 예정이라고 했다. '난 기록 같은 것엔 관심 없어요. 산에서는 자신과 경쟁할 뿐이지요.' 이렇게 린은 말한다. 남자들에게는 성공이냐 실패냐 꼭대기까지 오르느냐가 문제지만 자기한테는 산을 오르는 기쁨과 즐거움, 그 경험 자체가 중요하고 전부란다. 무섭고 춥고 어려움에 부닥쳤을 때 어린이들에게서도 사람의 타고난 가장 좋은 자질이 창출, 개발되어 최악의 상황에서 인간의 최선이 나타난다고 린은 말한다. 한겨울 꽁꽁 얼어붙었던 지각을 뚫고 솟아나는 풀잎의 경이로운 생명력을 노래하듯 하늘로 치솟는 신바람을 타고 뜨거운 가슴 힘차게 뛰는 싱그러운 숨결 따라 사나운 바람과 눈사태도 무서워하지 않고 린은 높이 산을 오른다.

국민(초등)학교 다닐 때 선생님이 해주신 말씀 가운데 잊히지 않는 것이 있다. 하나는 세상을 물 흘러가듯 살라는 말씀이었다. 흐르다가 낭떠러지를 만나면 폭포처럼 떨어지기도 하고 바위를 만나거든 바위 밑을 뚫거나 돌아서 굽이굽이 흐르는 유수와 같이 살라는 것이다. 또 하나는 세상살이가 등산하는 것과 같은데 산꼭대기를 향해 일로매진, 한눈 한 번 안 팔면서 남보다 먼저 정상에 올라보려고 사력을 다할 수도 있지만, 그보다는 산 오르는 길 한 걸음 한 걸음을 마음껏 한껏 유감없이 즐기면서 살라는 말씀이었다. 날씨가 변하면 변하는 대로 달라지는 풍경 속에서 새소리에 귀를 기울이기도 하고, 산 속에 피는 꽃향기에 취하고, 흐르는 냇물에 손발도 적셔가면서 뛰노는 다람쥐 노루 사슴과 벗하다 보면, 또 비온 뒤엔 하늘에 무지개가 서고, 날이 저물어 어두워질수록 총총하게 수많은 별들이 밤하늘에 빛나는 것을 바라보노라면 온 세상천지가 한없이 신비롭고 아름다운 황홀지경이 된다는 것이다.

그 누군가가 했다는 말대로 얼마나 멀리 가느냐보다 얼마나 무엇을 보느냐가, 얼마나 무엇을 보느냐보다 얼마나 무엇을 배우느냐가, 얼마나 무엇을 배우느냐보다 얼마나 배운 대로 사느냐가 문제요 해답이리라.

호好호好하리라

'판사님, 날 죽이려 한 아저씨 많이 혼내주세요.' 집에서 잠을 자다 이불에 싸인 채 납치돼 성폭행당한 전남 나주 초등학생 A양(8)이 판사에게 쓴 편지 내용이다. 딸이 써준 편지를 읽어 내려간 어머니는 곧 있으면 새 학기인데 학교 가기도 싫어하고 엄마 뱃속으로 다시 넣어 달라며 지금도 잠을 자면서 소리를 지르고, 사건 당시 목졸림 당한 것이 생각난다고 울먹인다며 흐느꼈다. 나주 성폭행 사건 범인 고종석(24)에 대한 결심공판(1월 10일)에서 있었던 일이다.

시종일관 고개를 숙인 채 앉아있던 고씨는 최후 진술을 통해 나로 인해 피해를 입은 피해자와 가족들에게 죄송하다. 반성하고 있다. 용서를 바란다고 말했으나 검찰은 이날 고씨에게 법정최고형인 사형과 위치추적 전자장치 부착 30년, 성충동 약물치료 15년, 피해자 및 가족 접근금지 등을 구형했다. 최근 한국에선 성매매특별법의 위헌 여부가 심판대에 올랐다. 성매매행위 자체의 불법성이 아니라, 착취나 강요가 없는 자유로운 상태에서 자발적으로 성을 파는 행위까지 법으로 규율하는 것이 옳은지가 쟁점이다.

인류의 가장 오래된 직업이라는 매춘과 성적 상대를 제한한 결혼제도에 대해서 우리 잠시 생각해보자. 하룻밤 몸을 파는 남녀를 소매상 창녀, 남창이라 한다면 상대방의 재산, 지위, 직업 등을 보고 일생을 파는 행위는 도매상 매춘이라 해야 하지 않을까. 그리고 징집이 아닌 자원한 직업군인 용병으로 자신의 목숨을 포함해 무고한 인명을 살상하는 만행에 비한다면 매춘 행위는 자비롭기까지 하다고 할 수도 있지 않을까.

인간은 누구나 실수하고 죄를 지을 수 있다. 하지만 그것을 단죄하는 것은 신의 몫이지 인간의 몫이 아니다. 인간은 단지 서로 용서하고 이해할 수 있어야 한다는 주제의 '사마리아'로 김기덕 감독은 지난 2004년 제54회 베를린 영화제에서 한국인으로선 처음으로 감독상을 수상했다. 사마리아는 성서에 나오는 지명으로, 이 영화는 그리스도가 죄 없는 자가 나와서 이 여인에게 돌을 던지라고 말했던 사마리아 여인의 이야기에서 착안된 것이다. 매춘을 통해 불교 포교를 했던 인도 매춘부의 설화를 모티브로 원조교제 여고생을 다룬 사마리아에서 우리가 타락이라고 말하는 것들이 과연 어떤 건가를 질문하고 있다. 원조교제를 소재로 했지만 우리 사회의 이해할 수 없는 많은 문제들을 이 영화는 밀하고 있으며 모두가 공범이라는 결론에 도달하고 만다. 모두가 공범이라면 다 같이 살아야 할 방법을 모색해야 한다는 것이다.

뉴스에서나 듣고 보던 끔찍한 살인사건이 내 주변에서 몇 년 전 벌어졌다. 한국에서 미국으로 유학 온 한 아가씨와 결혼한 재미동포 청년이 살해당한 일이다. 홀어머니의 반대를 무릅쓰고 아들이 좋아서 한 결혼이었다는데 한창 단란했어야 할 신혼생활이 어처

구니없이 비극으로 끝나버린 것이다. 임신 중이던 아내가 큰일을 저지르고 조산한 아기까지 남겨진 너무도 슬프고 괴로운 이야기이다. 부부간에 다툴 때마다 아무 일도 아니라며 어머님을 안심시키던 효자 아들이 그 몇 달 전부턴 이혼해야겠다는 것을 어머니는 물론 주위에서 극구 만류했었다고 한다. 얼마 전부터 유행하던 우리말 그대로 '아니면 말고' 억지 쓰지 말았어야 했을 것을……. 결과적으로 모두가 다 가해자이면서 피해자가 되고 말았다.

예부터 서양에선 '살인보다 이혼이 낫다Better divorce than murder'라 했고 대서사시 '실낙원'의 시인 존 밀턴은 이혼의 교의敎義와 규율이란 주제로 1643년 영국의회에서 행한 연설에서 신이 의도한 결혼의 가장 숭고하고 주된 목적은 서로 잘 맞는 대화라며 이런 대화가 불가능할 경우에는 이혼이 당연한 공민권으로 보장돼야 한다고 주장했다. 설혹 남의 이목이나 제 체면 그리고 아이들 때문에 이혼을 못하거나 후환이 두려워서 살인을 감행하지 못하고 울며 겨자 먹기로 마지못해 같이 살면서도 배우자가 죽어 없어졌으면 하는 경우라면 이야말로 살인 아니 암살을 날마다 반복하는 것과 다를 바가 없지 않겠는가.

여기서 우리는 존 밀턴이 장님으로 눈이 멀었을 때 발견한 것이 시詩란 말을 곱새겨 반추해보자. 상대방을 진정으로 사랑할 때는 상대의 단점과 불행까지 사랑하게 되는 것이며 이런 사랑은 자연발생적으로 생기는 것이지 마음먹는다고 될 일이 아닌 것이다. 그러니 저 비틀즈의 노래 제목 그대로 'Let it be'라고 할 수 밖에……. 그렇다면 종교나 도덕, 윤리 그 무엇으로도 억지를 써서는 안 된다. 실로 사랑 이상의 종교도 철학도 진실도 없다고 할 것 같으면 말이다.

영국작가 올더스 헉슬리(1894-1963)가 일부일처란 가장 부자연스런 성도착증이라고 갈파했듯이 어쩜 일부일처란 것이 좀 억지가 아닐는지 모르겠다. 같은 동물계를 살펴 볼 때 예를 들어 물개는 수컷 한 마리가 수많은 암컷과 교접하고 여왕벌은 수많은 수벌을 상대한다. 사람의 경우 임금님이 삼천궁녀를 거느리는 것은 옛날얘기로 돌리고 오늘날에도 일부다처제나 일처다부제가 실시되는 곳이 있다. 그 예로 중동에서는 남자가 부인을 공식적으로 넷까지 가질 수 있고, 인도 동북부 히말라야산맥 부근 지방에서는 형제가 다섯이면 신부를 하나만 얻어서 같이 산다고 한다.

이와는 다른 뜻에서 '5형제 신세 진다FIVE AGAINST ONE'는 남자들 자위행위(여자의 경우에도 비슷하겠지만)를 일컫는 말이 있다. 어느 여성 독자의 어머, 어머나 하는 소리가 들리는 것도 같고 아니면 호호호 하는 소리가가 들리는 것 같다. 이 때 한자로는 좋을 호好 아름다울 호好라 해야 할 것 같다. 세상에서 서로 좋아하는 남자 여자 아니 여자 남자가 같이 있을 때 제일 좋고 가장 아름답지 않은가. 우리말에 열 계집 싫다는 남자 없다면 그 반대로 (아니 똑 같이 게다가 한 술이 아니라 열 술 쯤 더 떠서) 백 사내 싫다 할 여자 없다고 해야 옳지 않을까. 생리적으로 볼 때 일부다처보다는 일처다부가 더 자연스럽고 더 좀 가능한 일일 테니까. 삶이란 그림의 떡이 아니고 내 몫을 남김없이 시식하고 또 아낌없이 보시하는 실험일 뿐일 테니까. 희희낙락해 보리라. 일부일처가 되었든, 일부다처가 되었든, 일처다부가 되었든, 다 좋고 아름다울 뿐이어라.

고향고곡故鄕古曲

한국에서 12년 동안 공연해 온 연극 '버자이너 모놀로그Vagina Monologues'가 최근 막을 내렸다. 미국 극작가 겸 사회운동가 이브 엔슬러가 여성의 성기를 소재로 쓴 이 작품은 1966년 뉴욕 초연 이래 파키스탄 등 회교권 4개국을 포함해 전 세계 30여 나라에서 공연됐고, 한국에는 2001년 상륙했다. 여성 스스로 당당해지길 바랐는데 다른 나라에서는 이 작품을 계기로 여성에 대한 폭력에 반대하고 피해 여성을 돕는 '브이데이V Day'운동으로 발전했다. 하지만 한국에서는 동양 최장기 12년 공연을 하고도 그걸 이루지 못한 것이 가장 아쉽다고 국내 연출가 이지나 씨가 술회한다.

성경엔 부자가 천국에 들어가는 것이 낙타가 바늘구멍을 지나가기보다 힘들다고 했는데 고향을 잃어버린 사람들도 남녀불문하고 마찬가지 아닐까. 노래를 잊어버린 카나리아는 카나리아라고 할 수 없듯이 고향을 저버린 사람은 인간도 아니라고 해야 하지 않을까. 아랍어로 낙타를 지칭하는 말이 700개가 있다는데 우리 모두의 고향을 가리키는 말은 세계 인구만큼 많아야 하지 않을까. 우리 각자의 고향 어머니 모태 말이다. 그렇다면 '버자이너 모놀로그'는 우리 모두의 고향고곡故鄕呱曲/故鄕古曲이 아닌가. 세상에 반어법이란 것이 있음을 나는 일찍 깨달았다. 좋은 것을 나쁘다 하고 나쁜 것을 좋다고 하는.

2004년에 제작 상영된 멜 깁슨의 미국 영화 '예수의 수난The Passion of the Christ'이 선풍적인 인기로 그 당시 어딜 가나 화제였다. 예수의 수난은 그렇다 치고 우리 모두의 수난을 한번 생각해보자. 우리 모두 아주 어려서 처음 배운 말이 어른들이 쓰는 나쁜 말이 아니었을까. 우리말뿐이 아니고 일본어 영어에서도. 우리말로는 쌍 시옷자가 들어간다면 영어로는 사자성어 Four-Letter-Words, 게다가 못내 어머니까지 들먹이는 욕이 왜 생겼을까. 나는 아주 어렸을 때부터 몹시 의아스러워 궁금해 했다. 그러다 어느 날 문득 대오일번大悟一番 각覺을 하게 되었다. 그렇지, 그렇고말고. 아빠의 몸이 엄마의 몸속으로 들어가 춤을 추다 가장 황홀한 찰나에 애가 생기고 또 이 아이가 엄마 몸속에서 신나게 차고 놀며 자라서는 아빠 몸이 들어갔던 그 문으로 이 세상에 나오지 않았는가. 그래서 그런 욕이 생겼나보다는 깨달음이었다.

구약성서 창세기에 나오는 아담과 이브가 하늘 아버지와 땅 어머니 사이에서 난 아들 딸이었다면 이 두 남매가 근친상간해서 인류의 후손이 퍼진 것 아닌가. 또 창세기에 보면 딸 자매가 아버지에게 술을 먹인 후 번갈아 윤간해서 애를 가졌다. 그렇다면 이것을 원죄原罪라기보다 원복原福이라고 해야 하지 않을까. 그리고 인류의 모든 불행이 이 원리 때문에 생긴 것일지 모를 일이다. 어린애보고 넌 착하다 하면 착한 아이 되고 나쁘다 하면 나쁜 아이가 되는가 하면 넌 못한다 하면 못하고 잘한다 하면 잘하게 되지 않던가. 시작도 끝도 모를 원죄로 자기혐오심만 키워줘 자신을 미워하다 보니 남까지 다 미워하게 되기 마련이다. 사람은 누구나 자기 자신을 존중하고 사랑할 때 비로소 이웃도 존중하고 사랑할 수 있으리라. 어머니 쪽 뿐만 아니라 거의 잊고 살아온 아버지 쪽 고향도 우리 한번 되찾아 짚어보자. 자칭 선민이라는 서양 유대인이 아닌 동양 한국인의 창세기를 통해서.

단군의 홍익인간은 21세기 인류의 근본사상이라고 밝히는 그야말로 홍익인간의 해설서나 다름없다는 '신神과 나누는 대화'가 지난 몇 년간 뉴욕타임스 베스트셀러 리스트에 올랐었다. 미국 서부 세도나에서 열린 '세계명상축제'에서 이승헌 박사의 단학수련에 대한 강의를 듣고 단군사상인 홍익인간에 매료되어 이 책을 쓰게 되었다는 전직 신문기자 도널드 월쉬는 그가 심취한 홍익인간을 더 깊이 체험하기 위해 한국을 방문, 서울에 있는 사직공원의 단군사당을 찾아 참배했다고 한다. 전 세계적으로 엄청난 화제를 불러일으킨 세 권으로 된 이 책들은 20여 개 국어로 번역되었으며 이를 통해 단군의 홍익인간 사상을 연구하는 스터디그룹이 5백여 개가 생겼다 한다. 그러니 이제 우리 골빈 사대주의 사상을 어서 졸업하고 자중자애自重自愛할 때가 온 것 같다.

큰 그림에서 보자, 영생불멸 가능한가

'역사와 문화를 즐긴 인도주의자로 아빠는 사물을 큰 그림에서 보셨죠.' 이는 전前 프랑스 대통령 프랑수아 미테랑의 장례식에 생모와 함께 나타나 세상에 밝혀진 그의 사생아 마자린 빵조 Mazarine Pingeot 철학교수가 최근 한 인터뷰에서 한 말이다. 우리도 큰 그림에서 생각 좀 해보자. 광대무변의 우주 속 아주 작은 별 지구라는 행성에 잠시 머무는 입장에서 말이다. 독일의 철학자 프리드리히 니체는 그가 이태리 리비에라 해안의 작은 도시 라팔로에서 구상한 '짜라투스트라는 이렇게 말했다'에서 모든 것은 지나가고, 모든 것은 돌아온다. 존재의 수레바퀴는 영원히 돈다. 모든 것은 사라지고, 모든 것은 다시 피어난다고 말했다.

신기롭게도 바로 이 해안도시 라팔로에서 한 세기가 지난, 그러니까 시간이 처음으로 기록되기 시작한 지 4천여 년이 지난 1988년에, 힌두교 고서古書 우파니샤드에 등장하는 우트나피쉬팀Utnapishtim이 남쪽 메소포타미아에 있던 수메리아의 도시국가 우룩의 전설적인 왕 길가메쉬Gilgamesh, 기원전 2600년)에게 영생불멸의 비밀이 깊은 바다 속 산호에 숨겨져 있다고 일러준 대로 인간이 그 비밀을 발견했다고 한다. 크리스티안 좀메르Christian Sommer라는 20대 초반의 한 독일 해양생물학도가 라팔로시에서 한 여름의 잠수인 스노클링을 하면서 작은 해파리 또는 부드러운 산호 비슷하고 척추가 없는 히드로충류생물hydrozoans을 채취 실습 연구하던 중, 포르토피노 절벽 앞 녹청색 바닷물 속에서 뜻밖에 영생불멸의 해파리를 발견, 기존의 가장 기본적인 자연계법칙, 즉 모든 생물은 태어났다가 죽는다는 철칙을 깨게 되었다고 한다. 마치 나비가 죽는 대신 유충으로 회귀하고, 닭이 계란으로 돌아가듯이, 이 작은 일종의 해파리는 일단 성장한 다음엔 나이를 거꾸로 먹기 시작해 가장 어린 발육 전 원점에서 다시 새롭게 새 삶을 살게 된다는 사실을 발견한 것이다. 아, 그렇다면 생명이 바다에서 처음 생겼다는 말이 빈 말 이 아니었구나! 사람으로 치자면 노인이 점점 다시 젊어져 태아가 되어 다시 인생을 새롭게 살기 시작하는 식이다. 따라서 그 이후로 유럽, 미국 및 일본을 비롯한 세계 각국의 해양생물학자들이 이 '영생불멸의 해파리' 현상을 인간에게도 적용시켜보려고 노심초사勞心焦思 실험과 연구를 거듭하고 있다. 옛날 어느 가수의 노래였던가. '푸른 꿈이여 다시 한 번' 그리고 가수 현철의 노래 '청춘을 돌려 다오'란 우리 모두의 소망이 이루어지는 건가. 이야말로 힌두교의 윤회설이 현세에서 과학적으로 입증되고 있는 게 아닌가. 불교에선 인생이 고해와 같다 하지만 이렇게 윤회가 가능하다면 절망만 할 일이 아닌 것 같다. 그야말로 매사가 자업자득이 될 테니까. 전생이나 내생은 제쳐 놓고라도 당장 이승에서…….

우리말에 '콩 심은 데 콩 나고 팥 심은 데 팥 난다' 하듯이 뿌린 대로 거두는 법인 것을 어떻게 콩 심은 데 팥 나기를 바란단 말인가. 세상에 공짜가 있을 수 없다. 공염불로는 아무 것도 되지 않는다. 수피Sufi라고 불리는 신비주의 이슬람교도들의 기도문 중에 이런 것이 있다.

오, 주여
지옥가기 싫어 당신을 찾거든
날 지옥에 보내시고

천당 가고 싶어 당신을 섬기거든
날 천당에 못 들게 하십시오.

큰 그림에서 보자, 영생불멸 바람직한가.

'죽음이 우리 인간과 모두의 진짜 골Goal, 그 목표요, 목적지인 이상 저는 벌써부터 이 가장 진실하고 친한 친구와 아주 가까운 사이로 잘 사귀어 왔답니다. 그래서 죽는다는 것이 무섭지가 않고 제게는 평화로운 위안이 될 뿐입니다. 이렇게 죽음이 참 행복의 열쇠임을 깨달을 수 있는 기회와 행운을 제게 주신 신에게 저는 감사할 따름입니다. 아직 제가 젊기는 하지만 밤이면 밤마다 잠자리에 누우면서 비록 내일은 온다 하더라도 저라는 사람은 더 이상 이 세상에 존재하지 않을는지 모른다는 생각을 안 해보는 때가 없습니다. 그런데도 그런 나를 보고 침울하다거나 우울하다고 말할 사람이 세상에 하나도 없지요. 이 점에 대해 저는 저의 창조주께 날이면 날마다 감사합니다. 그리고 내가 느끼는 이 행복감을 다른 사람들도 다 느낄 수 있기를 진심으로 빌고 바랍니다.' 이것은 오스트리아의 작곡가 볼프강 아마데우스 모짜르트가 생전에 그의 아버지에게 쓴 편지 일부이다.

아! 참으로 그의 말대로 죽음이 행복의 열쇠이렸다. 우리 상상 좀 해보자. 죽지 않고 영원히 산다고. 늙지 않고 영원히 젊다고. 그러면 사는 것도, 젊은 것도 아니지. 모짜르트같이 삶을 사랑할 수 없지. 어쩌면 그래서 미국의 시인 월트 휘트만도 그의 시 '나 자신의 노래'에서 이렇게 읊었나 보다. '죽는다는 것은 그 어느 누가 생각했던 것과도 다르고 더 다행스런 일이리라. To die is different from anyone supposed, and luckier.' 그리고 스코틀랜드의 극작가 제임스 매튜 배리는 그의 작품 '피터팬'에서 '죽는다는 건 엄청 큰 모험To die will be an awfully big adventure.'이라고 했다. 옛 희랍 격언에 인생은 느끼는 사람에겐 비극이고 생각하는 사람에겐 희극이란 말이 있지만 뭣보다 인생은 모험이고, 게다가 사랑은 모험 중에 모험이라 해야 하지 않을까.

여러 해 전에 만들어진 독일 영화 '욕망의 날개'가 있다. 이차대전에 폐허가 된 베를린을 배경으로 찍은 이 영화는 하나의 형이상학적인 동화로서 인간이 되기를 열망하는 천사들의 이야기다. 독일의 시인 라이네 마리아 릴케의 시로부터 얻은 영감에 의한 착상에서 빔 벤더스와 오스트리아의 극작가 피타 한케가 합작한 이 작품은 인간의 육체적인 쾌락과 죽음을 맛보기 위해 영생불멸을 포기하는 영혼의 이야기다. 이 세상 사람들의 정신적인 아니 영적인 삶을 살펴보러 지상에 내려온 천사들은 보통사람들과 똑같아 보이지만 이 영화를 찍는 카메라에만 잡힐 뿐 아무의 눈에도 띄지 않는다. 소리 없이 벽을 뚫고 지나가기도 하고 자동차에 올라타기도 하면서 마음대로 돌아다닌다. 해산하는 산모의 공포심을 덜어주는가 하면 임종하는 사람을 위로하는 등 사람들에게 위안과 도움을 준다. 그렇지만 천사들이 인간의 역사를 바꿀 수는 없다. 빗방울 하나 떨어지지 못하게 하거나 누가 자살하는 것을 막을 수도 없다. 이들은 단지 인간의 삶을 관찰하고 기록할 임무를

띠고 왔기 때문이다. 따라서 더 이상 인간을 도울 수 없음을 안타까워 할 뿐이다.

이들 가운데 수首천사 다미엘을 스위스계 독일 배우 브루노 간쯔가 연기한다. 커피 맛을 본다든가 거짓말을 하며 나쁜 짓을 해보고 싶어 하는 그 자신의 순전히 정신적인 존재를 혐오하게 된다. 그가 여자를 필요로 한다는 말이다. 드디어 그는 한 소녀를 발견한다. 여배우 솔바 도마틴이 분장한 매혹적인 서커스 공중곡예사 소녀를 서커스 공연이 끝난 후 다음 장소로 이동하는 트레일러를 따라가 소녀의 고독한 독백을 엿듣는가 하면 록앤롤 클럽에 가서 혼자 황홀하게 춤추는 소녀를 엿보기도 한다. 이렇게 영원무궁토록 살아있으면서도 단 한 순간도 인간처럼 진짜로 살아보지 못하는 차원 높은 바보역할을 간쯔는 희극적으로 완벽하도록 훌륭하게 열연한다.

이 우화시寓話詩적인 영화에는 기독교 신화가 개입되어 있지 않다. 문화윤리주의자들이라고 할 수 있을지 모를 이들, 말하자면 초교파 천사들은 아름답고 착한 말이나 행동은 어떤 것이든 하나도 빼지 않고 다 기록한다. 이상야릇하게 특이한 것까지. 예를 들면 비가 퍼붓는데 한 여인이 폈던 우산을 접고 흠뻑 빗물에 젖는 기행 같은 것도. 이들 천사의 눈엔 악마나 마귀란 존재하지 않는다. 슬픈 인간의 불행과 죽어야 할 운명이 있을 따름인데 이 두 가지 조건과 상황이 이들에게는 천국의 안식보다 한없이 더 매력적이다. 한 어린 아이가 왜 자기가 이 우주에 있는지 의문을 갖는다고, 간쯔는 자기가 쓰고 있는 저널 일지를 큰 소리로 읽는다. 본능적으로 형이상학적인 이 어린 아이는 의문을 풀고 알게 된다. 참으로 삶의 의미는 이 세상의 즐거움을 맛보는데 있다는 것을.

마침내 수천사 다미엘은 더 이상 한 순간도 영원을 견딜 수 없어 문자 그대로 벽을 뚫고 인간이 된다. 그러면서 이 흑백영화는 인간의 비전 총천연색 컬러로 바뀐다. 다미엘과 서커스 소녀 이 두 연인이 결합하는 순간 인간의 모든 수사적인 꽃들이 피어나고 로켓들이 폭발한다. 오래 전에 〈지상에서 영원으로〉란 미국영화가 있었는데 이 욕망의 날개를 '영원에서 지상으로'라 해도 좋을 성싶다.

상식의 저 바다로 돌아갈거나

영국 사람으로 태어났으나 미국의 정치가 벤자민 프랭클린의 권유와 초청을 받고 미국으로 건너와 1776년 1월 발간된 '상식 Common Sense'이라는 팸플렛을 비롯 일련의 책자를 집필하고 발행하면서, 영국에 저항해서 미국의 독립을 쟁취할 것을 선동 격려 했으며, 프랑스혁명에도 관여했고 노예제도에 반대함은 물론 여성의 해방을 주창한 선구자 탐(토마스의 약자) 페인이 기독교와 성서를 비판 공격한 그의 '이성理性의 시대'란 글에서 그는 이렇게 말한다. '한 하나님 이상의 신을 나는 믿지 않고, 세계가 내 나라이고 선행을 하는 것이 내 종교이다. I believe in one God and no more. The world is my country and to do good is my religion.'

이것은 그동안 내가 마음속에 그려온 '나' 아니 어쩌면 우리 모두의 자화상이다. 어렸을 적 나는 성미가 까다롭고 하찮은 일에도 신경을 너무 쓴다고 어른들로부터 꾸지람을 많이 들었다. 사내자식이 깨알처럼 좀스럽다고, 어린애가 좁쌀영감처럼 누나들한테 잔소리가 심하다고 핀잔을 많이 먹었다. 큰사람이 되려면 마음을 크게 먹고 대범해지라고.

조숙했던 탓인지 아니면 완벽주의자로 태어나기라도 한 것 같이 속 좁다는 말에 마음이 크게 상한 나는 어떻게 해서든지 내 이름값을 해야겠다고 굳은 결심을 했다. 내 이름이 한자로 클 '태泰'자에다 서로 '상相'자인데, 이 '相'자는 다 알다시피, 宰相 首相 할 때도 쓰이는가 하면 觀相 手相을 본다 할 때도 쓰는 나무 '木'변에 눈 '目'을 합한 것이다. 그런데도 큰사람 큰 얼굴로 세상을 호령하기는커녕 나는 76년을 살도록 한결같이 소인 중의 소인으로 소학생 소시민의 삶을 살아왔을 뿐이다. 그렇지만 속으로는 언제나 바다를 꿈꾸면서, 바다처럼 넓게 생각하고 바다처럼 깊게 느끼면서, 바다의 마음을 가져 보려고 '해심海心'이란 자작 아호雅號까지 만들어 시건방지게 자칭해 왔다. 그리고 젊은 날 한때 서울에서 '海心'이란 이색 주점 대포집을 차려 경영했었다. 이렇게 해서 지은 자작시 하나가 '바다'라는 제목으로 어릴적 독백으로 남아 있다.

바다

영원과 무한과 절대를 상징하는
신의 자비로운 품에
뛰어든 인생이련만
어이 이다지도 고달플까.

애수에 찬 갈매기의 고향은
출렁이는 파도 속에 있으리라.

인간의 마음아 바다가 되어라.
내 마음 바다가 되어라.

태양의 정열과 창공의 희망을 지닌
바다의 마음이 무척 부럽다.
순진무구한 동심과 진정한 모성애 간직한
바다의 품이 마냥 그립다.

비록 한 방울의 물이로되
흘러 흘러 바다로 간다.

이렇게 내가 나의 어머님 뱃속에서, 아니 어쩌면 태곳적 옛날 바다의 품속에서 받은 태교육을 이 세상에 태어난 다음에도 계속 받고 자란 탓인지 내 나이 열 살 때 지은 이 동시 아닌 주문呪文을 밤낮으로 쉬지 않고 숨 쉬듯 아직도 외고 있나 보다.

내 마음도 네 마음도
밀물 썰물 파도치듯
우리 가슴 뛰는 대로
우리 고향 저 바다로
돌아갈거나.

해심주海心酒와 해심탕海心湯

생리에 맞지 않는다고, 방관적 관객 같은 뉴스 리포터보다는 뉴스 메이커로서 삶의 주인공 배우가 되어보겠다고, 짧게 해본 신문기자생활을 그만두고 차라리 대폿집을 하나 차려보겠다며, '해심海心'이란 나의 자작아호自作雅號를 옥호로 삼아 처음에는 한국일보사 뒤 기마경찰대가 있던 삼거리 모퉁이에 판자 대폿집을 소꿉장난처럼 하다가 화신 백화점 뒤 옛날 '복지福地 다방' 자리로 옮겨 서울 도심지 한복판에다 본격적으로 인생 나그네들 특히 이상과 낭만으로 숨 쉬면서 꿈을 먹고 열정을 쏟는 젊은이들의 사랑방을 마련했었다.

녹음된 파도 소리
갈매기 소리
기적 소리
뱃고동 소리 붕붕

바닷소리를 배경음악으로 실내는 바다와 배처럼 꾸미고, 왕소라 잔에는 찹쌀막걸리에다 꿀을 타서 귤과 생강 쪽 그리고 솔잎을 띄워 담근 '해심주'를, 전복 조개 접시에는 매일 대한항공편으로 제주도 부산 동해안으로부터 날아온 싱싱한 멍게 해삼 전복 등을, 그리고 해산물 잡탕 찌개 '해심탕'을 안주로 손님 친구 벗들과 더불어 나는 불철주야 주야장천 연일연야 퍼마시고 피워댔다. 그러면서 날이면 날마다 금연 금주 선언했다가 밤이면 밤마다 파계하기를 수없이 했다. 그 후 자랑 같지만 나는 계속 금연 금주할 수 있었다. 그러나 벗들 가운데 누가 한 번 파계하고 보면 혼자서 계속 금연 금주하기 매우 곤란했었다. 너희들만 먼저 죽고, 나 혼자 오래오래 살겠다는 얌체같이 보이기 싫어서였다. 다 같은 '만성 자살특공대' 대원으로서 말이다. 그러던 내가 어떻게 술과 담배를 끊을 수 있었을까 결코 내 의지력으로 가능했던 것은 아니다. 술과 담배를 별로 안 하던 아내가 하루는 비장한 결심을 했는지 나보다 몇 배로 마시고 피우지 않겠는가. 더구나 뱃속에 첫 아기를 가진 몸으로……. 그때서야 아차 싶어 결심을 하게 되었다. 이제와 생각해보면 아이 엄마 덕에 내 목숨이 지금까지 붙어 있는 것은 물론이고 한창 자라는 애들에게 말 대신 행동으로 보여줄 수 있게 됐다. 얼마나 다행스러운지 모를 일이다.

언젠가 한국 신문에서 가슴을 찡하게 하는 글 한 줄을 나는 읽었다. 어느 초등학교 일학년생인 일곱 살짜리 어린 아이가 쓴 일기를 모아 만든 책에 나오는 글이었다. '참, 이상하다. 왜 사람은 커서 어른이 되면 어려서 귀엽던 모습은 사라지고 성질이 나빠지는 것일까?' 부디 부디 아이와 다른 모든 어린이들이 크면서 성질이 나빠지지 말고, 어린 아이의 아름답고 순수한 마음을 평생토록 고이 간직해 주기를 빌고 바라는 마음 간절하다. 된 시집살이 한 며느리가 나중에 더 고약한 시어머니가 되기도 하지만 그 반대로 더할 수 없이 어진 시어머니가 될 수 있듯이 제발 이 아이의 아빠

같이 날마다 술만 먹고 밤늦게 집에 오는 어른이나, 바람을 피워 또는 그랬다고 그 핑계로 이혼하는 부모들같이 되지 말아주었으면 하는 것이다. 작은 아이 코흘리개들은 싸워도 코피나 눈물 좀 흘리고는 금방 화해하고 잘 놀지만 큰 아이 어른들은 죽도록 미워하며 죽고 죽이지 않는가. 독약 같은 술 담배처럼.

이 점을 강조하고 밝혀주는 것이 동화들인 것 같다. 그래서 동화는 어린이보다 어른들이 읽어야 하지 않을까. 영국의 소설가 찰스 디킨스의 '크리스마스 캐롤'은 그 누구라도 제 마음을 고쳐먹기에 따라 아주 판이하게 딴 사람이 될 수 있음을 보여준다. 이 밖에도 프랑스의 비행작가 생떽쥐베리의 '어린왕자'는 우리 모든 어른 각자 속에 가사상태에 있거나 깊이 잠들어 있는 어린왕자와 어린 공주를 일깨워 되살려 주고, 우리 자신들 본연 본래의 모습 어린 아이로 돌아가게 해준다. 그리하여 나쁜 것도 더러운 것도 거짓된 것도 무서운 것도 모르는 어린 아이의 맑고 깨끗한 눈으로 세상 모든 것의 진실과 아름다움을 보고, 만남의 기쁨과 헤어짐의 슬픔을 시간과 공간의 거리를 뛰어 넘는 사랑을 나누게 해 준다. 우리 모두 너무 너무 사랑스런 어린왕자 어린공주들이 되어…….

같은 숨을 쉰다
全泰一

지난해 연말 발생한 커네티컷 주의 총기 난사 사건에 관해 미주판 H일보 오피니언 페이지(2012년12월 26일자)에 쓴 칼럼에서 전종준 변호사께선 이슬람을 '한 손에 코란, 한 손에 칼'이라고 지칭하였다. 기독교 국가인 미국을 이번 총기사건을 계기로 한 손에 성경, 한 손에 총이라고 비유하고 싶다고 하셨는데 만시지탄을 금할 수 없으나 아주 시의적절한 지적인 것 같다. 반복되는 이런 비극과 참사慘死-慘事-慘史가 미국의 원죄에서 기인된 것 아닌가. 마치 저 희랍신화에 나오는 시지프스(코린트의 왕으로 무거운 바위를 산꼭대기로 계속해서 밀어 올리는 벌을 받음)같이 달걀로 바위 치는 일들이 세상에는 얼마든지 있다. 그 한두 가지 예를 들어보자.

1950년 노벨 문학상까지 받은 영국의 석학이며 세계평화주의자인 버트란드 러셀의 이름을 딴 '러셀법정'이란 것이 있다. 십 수년 전 로테르담에서 열린 이 러셀법정에선 피해자인 미 대륙 원주민 아메리칸 인디언들의 증언을 듣고 다음과 같은 판결을 내렸다.

'인류역사상 가장 심한 박해를 아메리카 대륙의 원주민인 인디언들은 받아왔다. 대량 학살을 비롯해 저들이 살던 땅을 빼앗기고 저들의 인종적, 경제적, 사회적, 정신적인 인권을 모두 말살 당해왔다.' 러셀법정은 정식 법정이 아니기 때문에 강제 집행력은 없지만 인간의 양심과 양식에 호소한다. 미국, 캐나다, 브라질, 파나마 등 남북 아메리카 대륙의 여러 나라들이 이 원주민들의 최소한의 생존권과 저들 고유의 신앙을 존중하여 저들을 기독교인으로 억지로 개종시키지 말 것을 강력히 촉구했다. 1855년 미국의 제14대 대통령인 프랭클린 피어슨에게 쓴 편지에서 인디언 추장인 씨어틀은 이렇게 말한다.

'모든 생물은 같은 숨을 쉰다. 짐승, 나무와 풀 그리고 사람들 자신도 말이다. 그런데도 백인들은 자기들이 들이쉬는 공기를 알지 못하는 것 같다. 여러 날을 두고 자리에 누워 앓다 죽는 사람같이 그들은 자신들의 고약한 냄새를 맡지 못하고 있다. 백인들 또한 시간이 지나면 멸종하게 되리라. 어쩌면 다른 인종들보다 앞서서 이 세상에서 사라질 것이다.'

미 대륙의 원주민인 아메리칸 인디언들은 우리 한민족과 같은 몽고족이라고 한다. 이와 비슷하게도 수천 년 동안 터전으로 살아온 땅을 유태인들에게 빼앗긴 저 중동의 팔레스타인 사람들의 억울한 사정에 대해서도 이스라엘은 물론 2차대전 이후 이스라엘을 지지해온 서방 각국들을 규탄할 '러셀법정'이 열렸으면 좋으련만…….

실효성은 비록 없지만 러셀법정이 인류에게 주는 메시지가 있다면 이것은 피부색깔이 다르고 믿는 종교가 다르다 해도 지구상에 살고 있는 우리 모두 같은 한 '인간가족'이란 것이다. 소위 청교도라 불리는 유럽의 앵글로색슨족인 백인 기독교 신자들이 미 대륙으로 건너와 하나님이 자기들에게 주신 땅이라면서 아메리카 원주민 인디언들의 땅을 뺏어 차지하듯이 유태인들은 중동 팔레스타인에서 살아온 아랍인들을 내쫓고 그곳에 이스라엘이란 나라를 세운 것이다. 그런데도 자칭 기독교인들이 도덕적인 우월감에 사로잡혀 있는 것을 볼 때 기독교인들만 아니면 우리 모두 다 기독교인들이 될 텐데 라고 한 간디의 말이 생각난다. 더욱 목불인견인 것은 2차대전 때 독일 나치에게서 극심한 박해를 받았다고 계속해서 목소리를 높이고 있는 그들이 지금은 중동에서 팔레스타인의 아랍인들을 박해하고 있다는 사실이다. 하나님의 택함을 받은 백성이란 선민사상에서 오는 자부심이 처음에는 유태인들에게 도움이 되었을는지 몰라도 종국에 가서는 다른 모든 민족으로부터 미움을 사서 따돌림을 받게 하는 것 아닐까.

이런 유태인들이 우리 한국인들에게 좋은 반면교사가 될 수도 있지 않을까. 타민족 가운데 혹자는 한국인을 동양의 유태인이라고 한다지 않나. 우리 자신을 잠시 돌아보자. 한 청년 노동자의 삶과 죽음이 떠오른다. 서울 평화시장에서 일하던 노동자 전태일은 1948년 8월 26일 대구에서 태어나 1970년 11월 13일 평화시장 앞 길거리에서 스물 둘의 젊은 나이로 몸을 불살라 죽었다. 사람들은 그의 죽음을 '인간선언'이라고 부른다. 인간을 물질화하는 세대. 한 인간이 인간으로서의 모든 것을 박탈당하고 있는 이 무시무시한 시대, 나는 절대로 어떠한 불의와도 타협하지 않을 것이며, 동시에 어떤 불의도 묵과하지 않고 시정하려고 노력할 것이다라며 그는 싸웠고 그는 죽어 갔다. 그야말로 2천 년 전 예수 못지않게 어쩌면 그 이상으로 그는 죽기 얼마 전 일기에 이렇게 적었다. '나를 버리고, 나를 죽이고 가마, 조금만 참고 견디어라. 너희들의 곁을 떠나지 않기 위하여 나약한 나를 다 바치마. 너희들은 내 마음의 고향이다. 무고한 생명체들이 시들고 있는 이때에 한 방울의 이슬이 되기 위하여 발버둥 치오니, 하느님, 긍휼과 자비를 베풀어 주시옵소서.'

그는 사람이 태어나 어떻게 사는 것이 참되게 사는 것인지 가르쳐주었고, 죽음으로써 참사랑이 뭣인지 일깨워주었다. 초등학교도 졸업하지 못한 어린 나이에 여섯 식구의 생계를 책임져야 했고, 구두닦이를 비롯해 신문팔이, 껌팔이, 우산장사 등등 평화시장의 재단사가 되기까지 숱한 밑바닥 일들을 경험하게 된다. 스물 두 해의 짧은 생을 사는 동안, 하루도 쉬어보지 못하는 날들이었다. 그렇게 성실히 일했건만 일당은 14시간 노동에 커피 한 잔 값밖에 안 되는 50원 이었다. 평화시장의 다락방에서 피를 토해내며 쓰러지는 어린 여공들을 바라보며, 잘못된 사회현실에 대해 강한 의문을 가지게 되었고, 인간은 인간으로서 인간답게 살 수 있어야 한다는 믿음에 도달한다. 전태일, 그는 온 몸으로 사랑을 실천한 사람이다.

영원의 축소판이 순간이고 우주만물의 결정체가 모래 한 알, 물 한 방울, 풀 한 포기, 꽃 한송이, 구름 한 점, 별 하나, 나 하나이듯 그의 이름 그대로 우리 모두 전부 다 크게 보아 같은 하나임을 그의 삶을 불사른 죽음의 불꽃으로 밝혀 보여준 우리 모두의 '나' 전태일全泰一의 명복을 빌면서 그의 부활과 재림 환생還生-幻生을 굳게 믿어 의심치 않는다. 이 지구상에서 노동운동이 필요 없어서 사라지는 날까지…….

귀소본능 나비별곡

귀소본능歸巢本能이라 했던가. 사람도 우리 인생의 한 지점에서 귀향의 여로에 오른다. 살아온 삶을 돌이켜보고 무엇이 되려고 한 때 꿈을 꾸었었나, 그리고 이제 뭣이 됐는지 뒤돌아보는 순간이다. 이런 삶을 예술이란 거울에 비춰보자. 11년 전 그러니까 2002년 미국의 휴스턴그랜드오페라(내 큰 딸이 오케스트라의 바이올리니스트로 있는)가 초연한 멕시코의 작곡가 다니엘 카탄 작곡의 '플로렌시아 엔 엘 아마조나스FLORENCIA EN EL AMAZONAS'는 삶과 죽음, 그리고 사랑에 관한 우화로서 콜롬비아의 노벨문학상 수상작가 가브리엘 가르시아 마르케스의 1988년작 '콜레라 호열자가 돌 때 하는 사랑'에 바치는 오페라다.

그 소설에서와 같이 이 오페라에서도 사랑(이성 간의)이 삶과 죽음에 궁극적인 의미를 부여하는 원천이요, 원동력임을 강조한다. 소설을 읽는 독자든, 오페라를 보는 청중이든 남미 정서로 우주의 보편적인 주제를 탐색케 한다. 이는 문학과 음악의 전통이 결합된 것이다. 모차르트와 로시니가 프랑스의 극작가 보마르셰의 작품에서, 베르디가 셰익스피어의 극중 인물 오텔로와 폴스타프에서, 바그너가 북유럽의 전설에서 영감을 얻어 작곡을 했듯이…….

남미음악 리듬에 맞춰 춤추는 장면으로 시작하는 이 오페라는 인간의 감성적 본능에 호소하면서 다른 예술작품들처럼 너무도 인간적인 곤경과 궁지를 천착, 변덕스러운 것부터 경이로운 경지까지 종횡무애縱橫無碍 섭렵한다. 이국풍의 이 오페라는 남미문학의 주된 테마를 다룬다. 신비와 위험을 안고 감행하는 자아발견의 매혹적인 여정旅程이다. 세계적으로 크게 성공한 오페라 가수로서의 오랜 경력 끝에 프리마돈나 플로렌시아는 금의환향錦衣還鄕이 아닌 익명의 신분으로 남미에 돌아온다. 그녀의 근본으로. 옛날 고향에 두고 떠나온 애인 나비잡이 크리스토발에게로 돌아가는 것이다.

아마존 강으로 사람과 특산물을 실어 나르는 배를 함께 타고 여행하는 사람들을 여러 가지 형태와 가면을 쓰고 등장하는 강江의 마술적인 괴물인 리올로보가 소개한다. 부부인 폴라와 알바로, 언론인으로서 플로렌시아에 관한 책을 쓰고 있는 로살바, 자기의 직업에 도취된 선장과 그의 조카로서 견습 뱃사공의 처지에 불만인 아르카디오다. 마치 아물기를 기다리는 사랑의 상처처럼 깊이 패인 강줄기 주위로 펼쳐지는 우주, 아니 정글 속으로 미끄러지듯 배를 타고 플로렌시아는 그녀의 연인을 찾아가고 있는 것이다. 정글이 벌써 그를 삼켜버렸을까 봐 걱정하면서…….

한편 로살바와 아르카디오는 예상 못했던 사랑에 빠지고 폴라와 아바로는 어떻게 사랑 하는지를 이미 잊어버렸다. 그러나 정글 속 위험이 모든 인물들로 하여금 사랑에 굴복하게 만든다. 비록 이들이 삶과의 연줄을 당길수록 삶은 그 더욱 위태로워질 뿐이지만.

청중을 기절시킬 만큼 아주 멋진 마지막 장면에서 플로렌시아는 '나비잡이'의 존재를 느낀다. 오페라는 그녀가 그를 찾는지 못 찾는지, 그녀가 사는지 죽을는지 애매모호하게 처리하지만 이런 물음은 2차적인 것으로 극중 인물 그 누구의 개인적인 추구도 무색케 하는 그 더욱 깊은 통찰력 안목을 청중에게 선사한다. 곧 삶이 그 자체와 협상하고 죽음을 극복하듯 플로렌시아가 그녀의 마지막 아리아를 부를 때 그녀의 목소리, 노래 그리고 그녀 자신이 한 마리의 나비 이미지와 뒤엉켜 하나가 된다. 고치를 부수고 탄생하는 나비의 이미지는 아름다움의 극치로 남는다. 그녀의 목소리는 하늘로 떠오르고 그녀의 노래는 투명한 날개가 된다.

앞에서 언급한 콜레라 호열자가 돌 때 하는 사랑은 '필연이었다.……'로 시작한다. 남미 카리브해 연안에 있는 한 나라를 무대로 19세기 후반에서 20세기 전반에 걸쳐 세 사람의 삶과 이들의 운명을 다룬 이야기다. 처음에는 아무 것도 필연 같게 보이지 않는다. 그냥 하나의 짝사랑 이야기로 밖에는. 그런데 이 짝사랑은 50년 만에, 정확이 말하자면 50년 9개월 4일이 지난 후에야 이루어진다. 이것이 플로렌티노 아리자가 페르미나 다자에게 다시 한 번 그의 사랑을 고백할 때까지 그가 기다린 세월이다. 그는 그의 두 번째 사랑고백을 여자의 남편 장례식장에서 한다. 이 소설의 제목이 암시하듯 작가는 이 작품에서 사랑에 대해, 여러 다른 모습의 사랑에 대해, 젊은 날의 풋사랑, 결혼한 부부의 사랑, 낭만적인 사랑, 콜레라 증상이 있는 열병 같은 사랑 이야기를 한다.

이 같은 이야기가 실제로 있었던 일인지 아닌지 알 수 없으나 내가 겪은 실화 하나는 필연이었는지 우연이었는지 정말 알 수 없어라. 옛날 서울에서 펜팔로 사귀다 만 펜팔소녀를 이십 오 년 만에 뉴욕에서 다시 만났다. 급기야는 기적같이 극적으로 두 사람은 맺어졌다. 그러나 사반세기 전 첫 번째 만남과 헤어짐이 다시 반복되는 그 옛날의 재판再版이 되고 말았다. 그녀는 여동생과 함께 자신의 어머니처럼 유명한 소설가가 되어 있었다. 특히 두 자매는 소설 '날개'를 쓴 유명 작가의 문학상을 수상했다. 그 옛날 펜팔시대에 '푸른 제복의 사나이'로 등장했던 나는 이 여인의 글재주 덕에 '꽃을 든 남자'로 탈바꿈하여 재등장하는 영광까지 누리게 되었다. 허허! 기뻐서 웃어야 할지 허허탄식해야 할지 아니면 허허실실 만족해야 할지 모를 일이로다. 삶의 둥지를 떠나 예술의 하늘로 날아가버린 파랑새의 행복을 빌어줄 뿐이어라. 그러면서 청마 유치환의 고백처럼 읊조릴 수밖에 없었다. '사랑했으므로 행복하였네라.' 최근 이 여인이 타계했단 기사를 접했다. 삼가 고인의 명복을 빈다.

언감생심焉敢生心이어라

‘도道라고 할 수 있는 도는 도가 아니다.’ 2천5백여 년 전에 살았던 노자가 남긴 도덕경을 한 마디로 이렇게 풀이할 수 있는지 모르겠다. 자신을 진리라고 말하는 진리는 언제나 진리가 아니다. 이것은 ‘데리다의 해체철학’이란 연구서를 펴낸 한국 정신문화연구원 김형효 교수(철학)가 한 인터뷰에서 데리다의 해체주의 사상을 요약한 말이다. 이것은 불교와 노장사상 그리고 원효의 화쟁사상과 맥락을 같이 하고 있다.

‘영원과 하루’는 10여 년 전 미국에서 개봉 상연된 바 있는 영화제목이다. ‘안개속 풍경’, ‘율리시스의 시선Ulysses' Gaze’ 등 10여 편의 걸작을 만든 희랍의 테오 안젤로푸로스 감독의 작품으로 칸느국제영화제에서 최고의 영예 팜므도르상을 받았다. 이 영화는 1994년 ‘율리시스의 시선’을 찍는 동안 급작스런 심장마비로 이태리 출신 배우 지안 마리아 블론테를 잃고 나서 살 날이 딱 하루 남았다고 하면 어찌 할 것인가란 생각에서 죽음을 소재로 만들었다. 죽음을 하나의 경계선 변경으로 다룬 것이다. 이 영화는 보는 이들에게 사람이 태어나 병들고 늙어 죽을 때까지 겪고 맛보는 갖가지 희망, 젊음과 향수, 사랑 등의 맥을 짚어볼 수 있는 기회를 준다. 영화가 시작되면서 두 어린 아이가 나누는 대화 속에 한 아이가 시간이 뭐냐고 묻는다. 그 해답은 희랍의 철인 헤라클리투스의 것이다. 시간이란 바닷가에서 조약돌 줍고 노는 한 어린 아이라고 한다. 하지만 그보다는 또 다른 고대 희랍 철인 파메니데스가 내린 정의를 사용했더라면 더 좋았을 것 같다고 안젤로푸로스 감독은 한 인터뷰에서 말했다. 시간이란 존재하지 않는다는 이 정의대로 그 당시 65세의 그 자신이 늙어가고 있는 만큼 시간이 존재하지 않았으면 한다고 말했다.

살아있음에 감사하면 되지 그 이상의 영예가 무슨 소용이 있느냐던 구상 시인은 1998년에 내놓은 그의 마지막 시집 '인류의 맹점에서'에서 유언 대신 시편 '임종고백'을 남겨 놓았다.

나는 한평생, 내가 나를 속이며 살아왔다
모두가 진심과 진정이 결한 삶의 편의를 위한 겉치레로서
그 카멜레온과 같은 위장술에 스스로가 도취마저 하여 왔다
더구나 평생 시를 쓴답시고 기어綺語 조작에만 몰두했으니
아주 죄를 일삼고 살아왔을까!

10여 년 전에 나온 단행본 '열여덟 산골 소녀의 꽃이 피는 작은 나라'에서 영자는 이렇게 읊었다. '아버지가 나에게 삶은 하나하나가 시가 된다면서 일기로 시를 만들라고 하네.' 영자의 아버지 이연원 씨는 그 후로 강도에게 살해되었고 불교 신자이던 영자는 비구니가 되었다는데 그 뒤 이 강원도 두메산골 부녀의 유고시집 '영자야, 산으로 돌아가자'가 나왔다.

체코의 시인으로 1984년 노벨문학상을 수상한 자로스라브 사이훠트(1901-86)가 그가 살아있는 동안 써놓은 자신의 비문에 이런 구절이 있다.

'수많은 사람이 써 온 수많은 시구에 나도 몇 줄 보태어 보았지만 귀뚜라미 소리보다 못한 것이었음을 잘 알고 있네. 달나라에 사람의 첫발을 내디딘 발자국은 아니었어도 어쩌다 잠시 반짝했다면 내 빛, 내 소리 아니고 반사한 것뿐이네 나는 사랑 했다네 시를 쓰는 언어를. 그러나 변명은 않겠네. 아름다운 시어를 찾는 것이 살생보다 낫다고 믿기 때문이라네.'

스웨덴의 한림원은 1990년 노벨 문학상을 멕시코의 시인 옥타비오 파스(1914-98)에게 수여하면서 '관능적인 지성과 인간적인 성실성을 특징으로 한 드넓게 트인 시야의 정열적인 시인'이라고 그를 칭송하면서 다음과 같은 그의 시 한 편을 그의 문학적인 신조로 인용했다.

내가 보는 것과 내가 말하는 것 그 사이에
내가 말하는 것과 내가 말하지 않는 것 그사이에
내가 말하지 않는 것과 내가 꿈꾸는 것 그 사이에
내가 꿈꾸는 것과 내가 잊어버리는 것 그 사이에
시가 있다.

이를 어쩌면 이렇게 풀이해 볼 수도 있지 않을까?

시심詩心을 갖고 내가 바라보는 만물의 시정신과
그 억만 분의 일이라도 나타내 보려는 내 문장 그 사이로
그렇게 내가 표현할 수 있는 너무도 보잘것없는 시늉과

제대로 형언할 가망조차 없는 무궁무진한 진실 그 사이로
이토록 내가 말할 수도 알 수도 없이 신비롭기 그지없는 현상과
내가 상상하고 꿈꿀 수 있는 환상의 세계 그 사이로
땅과 하늘이 맞닿은 듯 아련히 저 지평선 같은 그 이상 너머로
물안개처럼 피어올라 구름처럼 사라지는 망상의 그림자가
마치 유령이 지나치듯 잠시 도깨비불 번득이는 것
그따위 그것이 모름지기 시라는 것이리라.

행복지수와 마당놀이

세계에서 가장 행복감을 느끼는 국민은 파나마, 파라과이 등 중남미 국민이라는 조사 결과가 나왔다. 한국은 하위권인 97위, 미국과 중국은 공동 33위, 일본은 59위였으며 최하위는 싱가포르로 나타났다. 이는 여론조사기관 갤럽이 지난 해 148개국에서 15세 이상 국민 1000명씩을 대상으로 일상생활에서 느낀 긍정적 감정을 조사해 최근 공개한 결과에서 드러났다.

몇 년 전 한 지인으로부터 들은 얘기다. 중미 파나마로 여행 중 한 선물가게에 들러 행운을 가져오는 장신구 참Charm같은 게 있느냐고 묻자 나이 든 아메리카 원주민 주인이 씩 웃으면서 묻더란다. '살아있는 것 이상의 어떤 다른 행운을 원하시오?'

스위스의 정신병학자이며 심리학자였던 칼 구스타프 융은 선사시대로부터 지금의 뉴멕시코와 아리조나주에서 농사를 짓고 살아온 토인부락을 뜻하는 푸에블로pueblo란 아메리칸 인디언 촌으로 여행 중 한 추장을 만났다. '당신은 아시오? 백인들이 우리 눈에 얼마나 잔인하게 보이는지. 입술은 얇고 콧날은 날카로우며 얼굴은 밭고랑같이 주름지고 뒤집혀 있지 않소. 눈으로는 무엇인가를 늘 노려보며 도대체 뭘 찾는 것이오? 백인들이 항상 초조하고 불안해하면서 뭣을 그토록 탐내는지 우리는 이해할 수 없다오. 우리가 보기에는 백인들이 미친 것 같소.' 이 추장의 말에 융이 물어보았다. 왜 그렇게 백인들이 미쳤다고 생각하느냐고. 그러자 추장이 대답하기를 '다들 그러는데 백인들은 머리로 생각한다면서요?' 이에 융은 사람은 물론 머리로 생각하지, 당신들은 뭐로 생각한다는 말이오라고 물었다. 추장은 자기 가슴을 가리키며 우리는 바로 여기에서 생각한다오라고 대답했다.

여행을 잘 하려면 짐이 가벼워야 한다. 인생여로에서도 마찬가지가 아닐까. 사람은 머리가 곧 정신이고 따라서 머리가 가벼워야 한다고 했다. 빛이나 공기처럼 말이다. 아무렇게나 굴려도 오뚝서는 아이들의 장난감을 오뚝이라고 부른다. 험난한 세상을 살고 있는 우리 어른들도 난관에 굴복하기 보다는 오뚝이처럼 일어날 수 있도록 머리가 가벼워야 하리라. 뿐만 아니라 머리보다 마음이 가벼워야 한다. 그러자면 자유인이 돼야 하리라. 마치 고양이가 야옹하는 장난기처럼 말이다. 그래서 심각한 체 하는 것은 아직 떫은 때라 하고 젊어서는 비극을 좋아하다가 철이 좀 들면 희극을 좋아하게 되는가 보다. 장난기가 인간의 실존적 심을 가볍게 해주고, 신화학자 조제프 캠벨이 말하는 '살아있음의 환희the rapture of being alive'를 맛보게 해주는 것이라면 이것이야말로 노장철학의 도교, 힌두교, 선불교 및 수피Sufi라고 불리는 이슬람교의 신비주의 가르침의 핵심이라 할 수 있으리라.

마지막 순간 사형집행관에게 농담을 하는 사형수는 죽임을 당하는 것이 아니고 극복하는 것이다. 어떤 선승禪僧이 창밖의 다람쥐가 뛰노는 소리를 들으며 누웠던 자리에서 벌떡 일어나 앉으면서 바로 저것이었구나하는 감탄사를 남기고 숨을 거두었다고 한다. 이런 일화들은 만화와 우주상 사이에 경계선이 없으며 그러한 변두리 변경邊境에서 정신적 영적 갱생에 이르는 출입구가 발견될 수 있음을 말해준다. 그래서일까. 고대 이집트인들은 사람이 죽을 때 신들은 그의 심장을 저울에 달아 그 무게가 깃털보다 가벼워야 천국에 들어가 영생을 누리게 해준다고 믿었다.

스페인의 노벨문학상 수상(1956년) 시인 후안 라몬 히메네즈는 누가 네게 줄쳐져 있는 종이를 주거든 줄이 없는 뒷면에다 글을 쓰라고 충고한다. 세계문학에서 남미문학이 환상적이고 더 흥미진진한 것은 현실적인 인간세계 뿐만 아니라 꿈과 신화, 영과 육, 생물과 무생물, 자연계와 영계靈界, 이승과 저승을 다루기 때문이다. 프로이드도 기지機智나 슬기란 고난이나 고통을 부정하는 것이라고 했는데 이는 우리가 장난기만 있으면 어떤 괴로움도 우리 삶을 지배하지 못하리라는 뜻인 것 같다. 신의 눈으로 본다면 입술을 굳게 다문 영웅이나 눈물 짜는 패자보다 코끝이 빨간 광대가 훨씬 더 사랑스럽지 않을까? 세상에서 가장 부러운 사람이 익살꾼이다. 서양의 유머가 인격으로 스스로를 웃기는 일이라면 코미디는 성격으로 남을 웃기는 일이며 조크는 말 자체로 웃기는 말장난이다. 그러면 우리 한민족의 걸쭉한 입담과 재치, 관객을 울리고 웃기는 '마당놀이'는 신바람을 불러일으키는 가히 신격神格이라 할 수 있지 않을까. 그렇다면 우리의 행복지수를 높이기 위해서라도 우리 고유의 마당놀이 한바탕 질펀하게 놀아 볼거나.

거리란 기억 속엔 없지

'사랑은 거리 때문에 죽는다'고 독일 작가 에리히 케스트너(1899-1974)는 말했다. 국경, 종교, 인종, 남과 여, 성性의 경계는 물론 사람과 동식물 사이까지 넘어서는 사랑이 예부터 있어 왔겠지만 오늘날에 와서는 그야말로 다반사가 되고 있다. 그뿐인가. 기러기 가족도 늘어나고 있는 추세다. 자녀교육 또는 직장관계로 생이별하다시피 떨어져 살아야 하는 이산가족 말이다. 중학교에 들어가 처음 영어를 배우다가 그 뜻이 상반되는 두 가지 구절이 있는 것을 보고 고민했다. 어느 말이 맞는지 몰라서……. 하나는 '눈에서 멀어지면 마음에서도 멀어진다.Out of sight, out of mind.'이고, 또 하나는 '떨어질수록 더 그립다.Absence makes the heart grow fonder.'는 말이었다. 둘 다 맞는 말일 텐데 어느 말이 어느 경우에 해당되는지 알 수 없어 오랜 고심 끝에 내 나름대로 결론을 내렸다. 주로 상대의 하반신을 좋아할 때는 전자가, 상반신을 사랑하는 경우엔 후자일 것이라고. 왜냐하면 남자건 여자건 남자는 남자대로 여자는 여자대로 하반신 구조는 각각 다 비슷하지 않은가. 말하자면 하반신은 대체가 가능하겠지만 상반신의 경우 불가능할 테니까.

사람은 얼굴 생김새부터 다 다르고 그 사람의 인격과 개성은 전무후무할 뿐더러 이 세상에 현재 살고 있는 수많은 사람들 가운데 유일무이한 까닭에…….

얼마 전 뉴욕타임스 과학섹션에 흥미로운 기사가 실렸다. '요가와 섹스 스캔들: 놀랄 것 없지Yoga and Sex Scandals: No Surprise Here'란 제목의 기사에서 럿거스대학의 과학자들이 어떻게 요가가 자동성애지복감autoerotic bliss을 촉진 유발시킬 수 있는지를 연구하고 있다면서 어떤 사람들은 생각만으로도 성적인 황홀감을 느낄 수 있다는 것이었다. 이 기사를 보면서 옛날 젊었을 때의 일이 생각났다. 그 당시 데이트하던 한 아가씨와 서울의 대한극장에 영화 카라마조프가의 형제들을 보러 갔었다. 이층 로비에서 다음 회 상영시간을 기다리던 중 아가씨가 말했다. 화장실에 가지 않으실래요 하는 게 아닌가. 별로 갈 생각이 없었으나 아가씨가 무안해 할까봐 우리는 함께 화장실로 향했다. 신사와 숙녀 화장실의 입구가 나란히 붙어 있었다. 신사용 화장실로 들어서 오줌 누는 시늉만 하다가 머릿속에 스치는 생각이 있었다. 벽을 사이에 두고 아가씨와는 멀리 떨어져 있지 않다는 생각이 들었다. 지금 몇 미터만 공간을 단축시킨다면 아가씨와의 사이에 거리가 없어져 아가씨 속에 자신이 있을 수 있겠다는 생각이 떠올랐다. 축지법이 아닌 축공법을 그 순간 경험한 것이다. 그 후로 나는 결코 외롭지 않았다. 언제 어디서나 그 어느 누구하고도 아주 가깝게 느낄 수 있었다. 우주 공간을 한 점으로 압축시킨다면 세상 모든 사람과 일심동체가 될 수 있지 않으랴. 여기서 칼릴 지브란의 '예언자의 뜰'에 나오는 알무스타파의 말에 귀기울여 보자.

'열 두 해라 했나요. 카리마 난 내 그리움의 길이를 별들이 움직이는 세월로 가늠해 보고 재지 않았어요. 사랑이 향수에 젖게 되면 시간의 눈금이 다 녹아 자로 쓸 수 없게 되지요. 영겁을 두고 떨어져 있는 연인들 사이를 맺어주는 영원한 순간이 있나하면 그리워하는 생각 다함이 이별이란 망각 아닌가요. 우린 헤어진 적 없지요.'

어린애가 하나님

어린애가 종교가 필요한가.

이런 제목의 책이 몇 년 전에 나왔다. 현대 미국 가정에서는 일반적으로 관심사가 아닌 그야말로 하릴없는 문제를 당시 47세의 저자 마타 페이가 열 살짜리 딸 안나를 위해 다루어 본 것이다. 이 저자의 어디까지나 진지한 연구, 조사, 추궁에도 불구하고 사람들로부터 별 반응이 없었다면 어쩌면 어떤 어린 아이의 다음과 같은 코멘트가 우리 모두를 대변한 것인지 모를 일이다.

'엄마, 어떤 사람들은 생각을 너무 해Mom, some people think too much'

언젠가 미국 TV에서 시청자들이 찍어 보내오는 가족 비디오를 선정해 보여 주는 몇 몇 장면을 배꼽을 움켜잡고 대굴대굴 구르면서 본 적이 있다. 그 중 한 장면이 크리스마스 때 찍은 것으로 보기 좋게 산타클로스로 분장한 어른이 한 어린애를 무릎에 앉혀 얼굴에 바싹 대고 작은 소리로 뭔지 물어보자 그 어린애가 큰 소리로 동문서답 하는 게 아닌가? 아이고! 입에서 나쁜 냄새 나 하면서 고개를 바짝 돌리는 것이었다. 그 어린애가 맡은 것이 담배냄새였는지 술 냄새였는지 아니면 어른이 이를 잘 안 닦았었는지. 그도 그럴 것이 젖냄새 밖에 모르는 애들이 아니 풀꽃 향기밖에 모르는 지상에 태어난 천사들인데 그 무슨 고약한 냄새일까 못 견디는 수밖에 없었으리라.

하늘에 하늘님이 계시다면 땅속에 땅님이 계시다면 하늘에서 내려오신 하늘님 땅속에서 솟아오르신 땅님 그게 바로 어린애들인데 애들 사는 곳이 천국인데 공중에 그 무슨 천국이며 지하에 그 무슨 지옥이랴. 어른이 어린애같이 되려고 필요로 하는 게 종교인데 어린애가 종교의 조상인데 적반하장도 유분수지 누가 누구에게 전도를 해 누가 무엇에게 설교를 해.

어린애 눈엔 모두 다 꽃, 어린애 눈엔 모두 다 별, 세상 모든 게 다 무지개, 우주만물 모든 게 다 나, 우주 만물 모든 게 다 너, 땅도 하늘도 바다도 하나, 풀도 나무도 새도 하나, 봄, 여름 가을 겨울도 하나, 어제 오늘 내일도 다 하나, 잠도 숨도 꿈도 다 하나, 먹는 것 싸는 것도 하나, 받는 것 주는 것도 하나, 크는 것 늙는 것도 하나, 사는 것 죽는 것도 하나, 오는 것 가는 것도 하나, 있는 것 없는 것도 하나, 왕자와 거지가 같은 하나, 공주와 갈보가 같은 하나, 성자와 죄인이 같은 하나, 천사와 마귀가 같은 하나, 신부와 무당이 같은 하나, 십자가와 목탁이 같은 하나, 남자와 여자가 같은 하나, 주인과 머슴이 같은 하나, 스승과 제자가 같은 하나, 부모와 자식이 같은 하나, 웃음과 눈물이 같은 하나, 빛과 그림자가 같은 하나, 이슬과 눈과 안개가 같은 하나, 동물, 식물 광물이 다 하나, 글과 그림이 노래와 춤이, 사는 것과 사랑하는 것이, 둘이 또는 셋 넷이, 너와 나 같은 하나뿐인데 모든 게 모두 하나님인데 무슨 종교가 왜 필요하리오.

9 · 11 사태 직후 뉴욕타임스에 희한한 전면광고가 하나 실렸다. 페이지 한 가운데 고인의 사진 밑에 그의 출생과 사망연도가 적히고 짤막하게 그가 남긴 말이 인용된 것이었다. '놀이를 즐겨라.Enjoy the Game', 1955년에 출간되 크록켓 존슨Crockett Johnson의 '해롤드와 자줏빛 크레용Harold and Purple Crayon'이란 어린이 그림책이 있다. 한 소년이 상상의 세계를 탐험하는 이야기인데 그가 그리는 것은 뭣이든 다 현실이 된다. 아, 그래서 불교에서도 일체유심조라고 정토는 일심一心의 현현顯現으로서, 마음 밖의 실재가 아니라는, 유심정토唯心淨土란 말이 있는가 보다.

1977년부터 인기 절찬리에 전 세계적으로 상영된 이태리 영화 '인생은 아름다워.La vita e bella, Life Is Beautiful.'가 있지만 정말 참으로 인생은 너무나도 신비롭고 경이로우며 한없이 슬프도록 아름답지 않은가. 우리 모두 하나같이 어린애로 이 세상에 태어나 자라서는 자식 낳아 어린애와 같이 놀다가 나이 들어서는 아이의 아이들 손주들 돌보며 다시 어린애로 돌아가 이 세상을 떠나게 되는 자연의 섭리가 말이다.

돌아가 돌아갈거나 원점으로

최근 유네스코의 인류무형유산에 '아리랑'이 등재됐다. 생각해보면 아리랑과 홍익인간은 K-POP과 인도주의의 원조元祖가 아닌가. 우리나라 고유의 종교 천도교의 성서라고 하는 동경대전東經大全에 이런 구절이 있는데 삶과 사랑의 붓글씨를 쓰는 우리 모두에게 좋은 지침이 된다.

사람이 붓을 어떻게 잡는지 잘 살펴보라.
정신을 가다듬고 고요한 마음으로 글씨를 쓴다.
찍는 점點 하나로 글 전체가 크게 달라진다.

이 글이 우리에게 주는 메시지는 인생은 살기에 달렸고 운명은 스스로 개척하기에 달렸다는 것 아닐까. 어떤 사람들은 교주 최제우가 시작한 이 하늘 천天, 길 도道, 가르침 교敎 천도교가 우리나라에서도 교세가 미미한 이름만의 종교라고 하겠지만 세계의 모든 종교 가운데서 그 가르침의 내용은 제쳐놓고라도 그 이름 석 자가 그 어느 종교보다 더 사람을 계몽하고 선도하는 뜻을 갖고 있다. 천도교의 가르침을 요약하면 다음과 같은 세 가지 원리가 있다. 첫째는 인내천人乃天이라고 사람이 곧 하늘이란 뜻으로 소아小我인 인간과 대아大我인 신神을 동일시, 인간과 우주가 하나라는 것. 다시 말해 소우주 인간과 대우주 자연이 함께 하늘의 조화와 신비를 드러낸다는 것이다.

이렇게 볼 때 천도교를 '통일교'라 부를 수도 있으리라. 하늘과 땅이, 음陰과 양陽이, 여자 남자 우리 모두 각기 '반쪽님'들이 결합 하나님으로 통일될 때 우리 또한 우리의 또 다른 너와 나의 소우주를 창조하는 대우주 곧 창조주 하느님이 되는 것일 테니까. 현실적으로 풀이하면 인간과 인간, 인간과 물질 사이에 높고 낮음이나 자타가 없다는 것. 따라서 물질이 인간의 우상이 되거나 사람이 사람의 주인이나 노예가 되어서는 안 되고 모든 사람은 서로 서로의 분신으로 하늘의 뜻을 따라 사람의 도리를 지켜야 한다는 것이다. 둘째는 도성덕립道成德立으로 우리 각자 자아완성을 통해 이상적인 사회를 건설하자는 것이다. 셋째는 지상천국地上天國이란 인내천의 최고 목표로서 이 세상을 지상천국으로 만들어 보자는 것이다. 그러자면 어리석고 잘못된 생각들을 버리고 마음 문을 열어 모든 이웃과 친목을 도모하며 사회정의와 국제평화를 통한 인류애를 증진시켜야 한다는 것이다.

이처럼 단순하고 소박한 삶의 지표는 다른 종교에서 말하는 것같이 이 세상 삶을 가볍게 보라든가 인간은 원죄를 타고난 죄인으로서 수난이나 신앙을 통해 구원을 받고 내세에 천국에 들어가라는 것이 아니고, 초월인으로서의 신의 자선적인 구원이나 허락과는 상관없이 내세가 아닌 현세에서 우리 자신이 최선을 다해 행복하게 살아보자는 것이다. 이 천도교의 가르침은 배타적이고 이기적 선민사상에 젖은 다른 종교들의 교리와는 판이하다. 유태교의 선지자나 예언자들은 자유나 평등보다 독선 독단적인 정의를 부르짖으면서 유태인 아닌 다른 모든 인종을 이방인으로 배척했고 기독교의 복음전도자들은 현세에서의 행복보다는 내세에서의 구원을 강조하면서 자기들의 신과 구세주를 믿지 않는 다른 모든 사람들을 이교도 미신자로 낙인찍는다. 이러한 관점에서 볼 때 천도교 사상은 우리 단군의 홍익인간 사상이며 희랍의 인도주의 사상과 일맥상통한다고 할 수 있을 것이다. 빌건대 고요한 아침의 나라에서 불어오는 한 줄기 신선한 바람처럼 천도교의 홍익인간 사상이 정감 넘치는 아리랑 가락을 타고 신명나는 K-POP과 싸이의 말춤을 통해 모든 인류에게 하늘의 길을 보여주었으면 한다. 언뜻 내 막내조카의 다음과 같은 어릴 적 회상과 싸이의 말춤이 오버랩 된다.

'걸음마도 하기 전 아주 어렸을 때 시골집 마루에서 혼자 뒹굴며 하루 종일 놀 때가 있었어요. 엄마는 장에 가시고. 햇빛의 색깔과 촉감이 달랐어요. 아침의 햇살과 한낮의 더운 기운 그리고 저녁에 지는 해의 스며드는 느낌이. 구름과 바람, 하늘과 별과 달, 새와 벌레소리, 주위의 모든 것이 나 자신과 분리되지 않았던 것 같아요. 그래서였는지 몰라도 난 조금도 무섭다거나 외롭다는 것을 모르고 그냥 즐겁고 편안했어요. 또 좀 컸을 때였어요. 보리밭 옆 풀숲에 깔아 논 포대기에서 일어서다간 넘어지고 몇 걸음 걷다간 넘어지고 하면서 길을 따라 언덕배기까지 아장걸음을 했었나봐요. 그때 내 키보다 큰 보리줄기들이 흔들거리는 것이 눈에 띄었어요. 솨 솨 하는 소리도 들리고요. 지금 이제 와서 생각해보면 하나의 장엄한 황금나무숲이 내 눈앞에서 흔들리고 있었어요. 하늘과 땅, 세상천지가 다 함께 웃음소리를 내며 춤을 추는 듯 했어요. 나도 한가지로 어우러져 온 우주와 더불어 흥겨웠던 것 같아요. 이것이 내가 처음으로 듣고 본 아니 체험한 대자연의 음악이며 교향시였어요. 그때 그 황홀했던 기분과 느낌은 그 어떤 말이나 글로도 도저히 표현할 길이 없어요.'

우리 곰할머니 곰어머니 만세

몇 년 전 바티칸 로마교황청으로부터 파문조치를 받은 신학자로 미국의 도미니코 수도회 신부 매튜 폭스는 그동안 수 개 국어로 번역되어 수백만 권이 팔린 '원복Original Blessing'과 '우주 그리스도의 도래The Coming of the Cosmic Christ'를 포함한 열 네 권의 저서를 통해 신을 아버지가 아니고 어머니라 부르며 인간의 원죄가 아닌 본래면목本來面目, 본래성불本來成佛로서의 본래축복인 원복Original Blessing을 주장한다. 따라서 그의 주된 관심사는 공해로부터 자연환경보호와 사회정의를 구현하는 것이다.

만일 내가 인류와 자연의 신비로운 기원과 내력을 부정하는 남성지배, 인간중심 그것도 백인위주의 권위와 전통을 보존코자 했다면 유감스럽게 생각할 것이다 라고 파계승이 된데 대해 그가 하는 말이다. 습기, 그것이 바로 삶이며 생명이다. 늘 축축하게 젖어 있고 변하는 것이. 사람이고 집단이고 간에 건조해지면 굳어져 금이 가고 부스러진다. 그러면 파시즘이 기어든다고 그는 말한다. 그는 민속신앙의 마법을 쓰는 마녀나 아프리카 토인부락의

북치는 고수나 아메리칸 인디언 마법사나 동양의 무당들을 신부, 목사와 동일시하고 이들 모두 다 인간의 영적인 영성을 다루는 사람들로 서로 가르치고 배워야 한다고 역설한다. 다시 말해 문화인과 미개인이 따로 없으며 어쩌면 미개인이 더 좀 개명된 사람이며 인간 심신의 공해를 모르는 사람이라고 강조한다. 그런데 그 더욱 재미있고 신기하게도 그의 첫 저서로 처녀작은 그 제목이 '음악적으로 신비한 곰 한 마리가 되는 것 : 미국식 영성 On Becoming a Musical Bear: Spirituality American Style'이다. 아, 그러자면 우리 모두 어서 단군신화로 돌아가야 하리라. 세계인류 모두가 말이다. 아, 정녕, 그렇다면 단군 할아버지 아니 우리 곰할머니 곰어머니 만세로다.

검은 고라니 사슴이란 이름의 북아메리카 인디언 마법사(1863-1950)가 병든 사람이나 동식물을 위해 외던 주문 가운데 이런 말이 있다.

'땅 할머니시여, 내 말 좀 들으시오. 당신 품안에서 우리는 관계를 맺고 있지요. 두 다리, 네 다리, 날개 달린 짐승, 그리고 당신 몸 안에서 움직이는 모든 것 다 당신의 자손들이지요. 그러니 우리 모두 다 서로 친척임을 알지라오.' 미대륙의 원주민 아메리칸 인디언들은 우리 한민족과 같은 몽고족이다. 그렇다면 단군 할아버지 그리고 할머니께 비나이다 비나이다. 물아일제, 피아일체임을 우리 모두 한시도 잊지 않게 비나이다. 우리 모든 사람끼리 아니 사람, 동물, 식물, 광물 가릴 것 없이, 저 하늘과 별들과 바다와 땅, 그 속에서 숨 쉬는 모든 생물, 그리고 숨을 멈춘 듯 한 무생물까지도 다 나 자신으로 느낄 수 있도록 비나이다.

절대적인 사랑 되찾을 나

젊은 날 친구의 결혼식에서 주제넘게 주례사가 무색할 사회를 봐 주례선생님을 화나시게 한 적이 있다. 참다운 결혼이란 영혼과 영혼의 결합일 것임으로 결혼식은 두 사람이 이 세상 떠날 때 하기로 하고 우선 두 사람의 육신이 결합하는 '결육식'부터 거행한다는 말을 했기 때문이다. 한창 감수성이 예민했던 사춘기 소년시절 프랑스의 노벨문학상 수상 작가인 앙드레 지드의 좁은문, 미국의 시인 헨리 워즈워드, 롱펠로의 '에반젤린', 영국의 계관시인 알프레드 테니슨의 '이녹 아든', 그리고 저자의 이름은 잊었지만 일본사람이 쓴 '사랑과 인식의 출발' 등을 탐독했고 일본에서 있었던 실화로 사형수와 처녀의 순애일기 '사랑과 죽음이 남긴 것'을 너무도 감명 깊게 읽고 그런 결혼관을 갖게 되었지 않았나 생각한다.

일본의 어떤 살인범이 사형언도를 받고 사형수로 형 집행을 기다리면서 옥중에서 쓴 그의 수기가 신문에 발표되자 어떤 한 여성독자가 이 사형수를 위로하는 편지도 보내고 그를 방문하기 시작하면서 두 사람은 서로 사랑하게 된다. 철창을 사이에 두고 결혼까지 하여 법적인 부부가 되나 단 하루도 부부생활을 못해본 채 부인의 애절한 구명운동도 보람 없이 남편은 형장의 이슬이 되고 만다. 나도 이같이 절대적인 사랑을 해보고 싶었고 몇 번의 시행착오도 있었으나 그래도 평생토록 이런 꿈만 꾸어오다가 다 늦게 나마 나 대신 내 아이가 그런 사랑을 하게 되는 것을 보게 되는 것 같다.

금년 7월이면 만으로 43세가 되는 내 둘째 딸이 그동안 제 눈에 드는 남자를 못 만나 싱글로 살아오다 지난 가을 인터넷 데이팅 서비스를 통해 피부암 말기환자로 시한부 인생 선고를 받은 한 남자를 만나 사귀더니 지난 2월 16일 그의 장례식이 아닌 그의 삶을 축하하고 기리는 Life Celebration Party를 스코틀랜드 에딘버러성城에서 벌였다. 그리고 3월16일 이 남자와 결혼식을 에딘버러 아카데미에서 올렸다. 이 소식을 듣고 금년 봄 내 신간 '어레인보우: 무지개를 탄 코스미안'(자연과인문)의 영문판 Cosmos Cantata: A Seeker's Cosmic Journey(코스모스 칸타타: 한 구도자의 우주여정)을 낸 미국출판사 Mayhaven Publishing, Inc. 대표 Doris R. Wenzel이 시 한 편을 써 보내왔다.

To The Couple I Do Not Know
내가 알지 못하는 남녀 한 쌍에게

I have never met those two young people
Impressing those who know them,
Inspiring those who don't.
내가 만난 적은 없어도 이 두 젊은 남녀는
이들을 아는 사람들에게 깊은 인상을 주고

이들을 모르는 사람들에게도 큰 감동을 주네.

I have never met those two young lovers,
Wrapped in devotion to one another.
Celebrating life alone and with others.
내가 만난 적은 없어도 이 두 젊은 연인들은
서로에 대한 헌신으로 똘똘 뭉쳐 오롯이
호젓하게 그리고 다른 사람들과 함께
삶의 축배를 높이 드네.

I have never met those two sweet souls
Securing a world of their own
While creating a lingering melody for the world.
내가 만난 적은 없어도 이 두 사랑스런 영혼들은
저네들만의 세상을 만들어 전 세계에 여운으로
남는 감미로운 멜로디를 창조하네.

Dorie
도리(도리스의 애칭)

사랑이 다가오는 순간은 미세한 떨림에서 시작된다. 첫 떨림의 순간이 파장을 일으켜 첫 만남으로 이어지고 우리는 영원한 사랑을 꿈꾼다. 사랑하니까. 그리고 또 사랑하니까. 영원이 되는 것이다. 용혜원의 시 '사랑하니까' 중에도 사랑이라는 정의가 나온다. 칼릴 지브란이 그의 '예언자의 뜰'에서 말하듯 영겁을 두고 떨어져 있는 연인들 사이를 맺어주는 영원한 순간이 있나하면, 그리워하는 생각 다함이 이별이란 망각이라면 지금의 내 입장은 어떤 것일까. 사랑은 스스로 길을 찾는다 했던가. '사랑이 나를 끌고 갈 때, 내 침묵에 파문이 일어나고 말에도 결이 생겼습니다. 그 파문이, 그 무늬가, 물결처럼 바람처럼, 숨결처럼 누군가의 마음속에 스몄으면 합니다. 마음속에 있는 것들은 줄어들지 않습니다. 나에게 주어진 내 몫의 삶을 사는 것, 그것이 잘 사는 것이라고 믿는다면 독자여, 읽는 내내 눈으로 보지 말고 마음으로 읽으시라.'

그동안 실존적인 존재로서 인간의 한계와 고독을 성찰해온 천양희 시인이 환갑을 맞아 내 목숨에 대한 반성문이며 시로 쓴 영혼의 자서전이라고 고백한 '한 사람을 나보다 더 사랑한 적 있는가'를 몇 년 전 펴내며 주문한 말이다. 정녕, 누군가를 사랑한다는 것은 사랑의 순수성과 영원성 그리고 운명성을 맛보는 것이 아닐까. 한 편의 영화가 떠오른다. 그 제목은 '영원한 사랑Love Eternal'이다. 이것은 중국의 한 가극 오페라를 멜로드라마로 각색해 만들어져 1960년대 중국 특히 대만에서 굉장한 인기를 모았다고 한다.

내가 어렸을 때 이 영화를 처음 본 이후로 오늘날까지 매번 볼 때마다 눈물을 쏟는다며 자기가 만드는 영화들은 하나같이 이 영원한 사랑이 주는 영원한 감동의 진수를 되살려 보려는 것뿐이라고 '와호장룡'의 감독 리안이 언젠가 뉴욕타임스와의 인터뷰에서 밝힌 바 있다. 자, 이제 그렇다면 '영원한 사랑'에 대해 간단히 얘기해보자.

어느 조그만 마을 부유한 집에 태어난 리디는 영리하고 호기심이 많아 공부를 하고 싶어도 남자애들처럼 학교에 갈 수 없다. 남자들만 학교를 갔었으니까. 궁리 끝에 남자아이로 변장을 하고 학교에 가겠다고 부모님을 졸라 설득한다. 남자아이들만 있는 기숙학교로 가는 길에 개울가의 석탑에서 다른 아이들과 놀고 있는 링포를 만나 금세 친해진다. 그러면서 리디는 링포를 사랑하게 된다. 그러나 둘은 맺어지지 못하고 리디가 다른 사람과 정혼하게 되어 그 사실을 알게 된 링포는 그 소식에 절망해 열병을 앓다 죽는다. 이 비보를 들은 리디는 시집가는 날 링포의 무덤 앞을 지나다가 신부복을 벗어버리고 속에 입고 있던 상복차림으로 죽은 애인을 그리워하며 애절한 사랑 노래를 부른다. 그러자 링포의 무덤이 갈라지고 리디가 그 무덤 속으로 뛰어들면서 합장되어버린다.

이것이 바로 오래 전에 나온 김윤희의 감동적인 장편체험소설 '잃어버린 너'라기보다 '되찾을 나'가 아닐까.

만고상청萬古常靑하리라

연암 박지원(1737-1805)은 그의 '열하일기'에 깊은 밤 강 건너며 삶과 죽음의 이분법 초월하는 경험을 적었다. 이를 고전평론가 고미숙 박사(고려대)의 표현을 빌리자면 아래와 같다.

열하로 들어서기 직전, 하룻밤에 아홉 번 강을 건너는 절대 절명의 순간을 맞이한다. '나 이제야 도道를 알았도다! 명심冥心이 있는 사람은 귀와 눈이 마음의 누가 되지 않고 귀와 눈만을 믿는 자는 보고 듣는 것이 잘달아져서 갈수록 병이 된다.' 여기서 명심이란 분별망상의 허황한 불빛이 꺼진 평정의 상태를 의미한다. 물과 땅, 물과 몸, 물과 마음, 외물과 주체 사이의 경계가 사라지는 순간이 그것이다. 그러자 생과 사의 경계도 홀연 사라지고 말았다. 몇 년 전 영국에서 실험을 했다. 수중분만 말고도 갓 태어난 영아를 목욕물에 넣으니 가라앉지 않고 뜨더란다. 전적으로 몸을 물에 맡긴 결과이리라.

최근 83세로 타계하신 누님의 임종을 지켜보았다. LA에 사시데 나보다 일곱 살 위의 누님께서 많이 편찮으시다고 해 병문안 갔다가 그날 밤 꿈에 새 한 마리가 방밖으로 날아가는 것을 봤는데 그 다음 날 세상을 떠나셨다. 강한 진통제 모르핀주사를 맞으며 간신이 숨을 간간이 쉬시다가 숨이 멈추는 순간 더할 수 없이 평화롭게 잠든 애기의 모습이었다. 그러면서 20여 년 전 구십 사세로 돌아가신 어머님의 얼굴과 꼭 같아지는 것이었다. 이것이 우리 모두 어린애로 태어났다가 어린애로 돌아가는 우리의 참모습 아닐까. 이중언어를 구사하는 네 살짜리 외손자가 외할머니와 외할아버지 귀에 대고 속삭인다. '사랑해. 참말이야. I love you. True story.' 이 아이처럼 우리 모두 사랑하리라. 참말로……. 모든 사람, 모든 것을, 삶도 죽음도, 하늘도 땅도, 빛도 그림자도. '청산은 어찌하여 만고에 푸르며, 유수는 어찌하여 주야에 그치지 아니하는가? 우리도 그치지 말아 만고상청萬古常靑하리라.' 퇴계 이황(1501-70)의 시구처럼 말이다.

인생예술이 무엇이냐고 누가 묻는다면 이 물음에 도道를 닦는 것이라고 나는 답하고 싶다. 그 실례 하나 들어보리라.

나에게는 괴짜 형님이 한 분 있었다. 나보다 열 살이나 위인 이 형님은 일정시대 신의주고보를 다니다 말고 스스로 도 닦는 길에 나서 팔도강산 방방곡곡으로 여러 스승을 찾아다녔다. 깊은 산 속 굴에 들어가 단식 아니면 생식을 하면서 여러 날 여러 밤 묵상에 잠기기도 하고 방랑하는 김삿갓처럼 떠돌아다니면서 병든 사람들을 고쳐주기도 했다. 그가 처방하는 약이래야 별 것도 아니었다. 폐병 또는 해수병 환자에게는 솔잎을 뜯어다 꿀물에 담가 항아리에 보름쯤 뒀다가 그 쪄든 사이다 같은 물을 공복에 마시게 했다. 이런 약을 써서 병이 낫는 사람도 있고 낫지 않는 사람도 있었지만 그는 언제나 그가 병을 고쳐주는 것이 아니고 환자 자신이 고치는 것이라 했다. 그가 처방해주는 약재의 효험을 믿는 사람에게는 약효가 있지만 믿지 않는 사람에게는 효력이 없다고 했다. 그리고 사람 몸은 자연치유가 가능한 자구력自救力을 갖고 있다고 했다. 예를 들어 손가락을 베이면 피가 좀 나다 저절로 아물지 않느냐며 그 어떤 의사도 어느 누구의 병을 고쳐주는 것이 아니고 환자 스스로 고치도록 좀 도와줄 수 있을 뿐이라 했다. 다른 사람들한테서는 도사님 소리를 듣기도 했지만 홀어머니 이하 우리 형제들 눈에는 집안 망신이나 시키는 미친놈일 뿐이었다. 장발에다 거지처럼 누더기 옷을 걸치고 가끔 집에 들르면 동네가 창피하다고 어머니는 야단이셨다. 정신 좀 차리고 농사나 지으면서 제발 사람처럼 살아보라고 집안 논밭전지 다 주고 장가까지 보냈으나 농사일은 새색시에게 맡기고 여전히 떠돌이 신세였다. 그야말로 예수가 말한 것 같이 무엇을 먹을까 무엇을 입을까 걱정하지 않고 먼저 그 나라와 의義를 구하는 삶이었다.

어머니 말씀으로는 형이 게으르고 일하기 싫어 도만 닦는다는 핑계로 그렇게 산다는 것이었다. 하기는 신부 목사 중들도 그렇다고 할 수 있을지 모른다. 왜냐하면 남들은 다 애써 일하며 땀 흘려 먹고 사는데 그들은 쉽게 입으로 하나님 예수 석가모니 이름이나 부르면서 기도 팔아먹고 사는 셈이니까. 어머님 말씀에 철저히 세뇌되어서였는지 나도 이 형님을 사람 취급하지 않으면서도 간혹 만나는 기회에 그의 도깨비 같은 소리에 흥미를 조금은 갖게 되었다. 내가 국민(초등)학교 다닐 때 하루는 이 도깨비 같은 형님보고 축지법縮地法이라는 것이 어떻게 가능하냐고 물었다. 그랬더니 형님은 나를 조그만 시냇가로 데리고 갔다. 냇물 폭이 2미터도 넘어 보였다. 태상아, 너 이 냇물 건너 뛸 수 있겠니 하고 형님이 물으셨다. 못 한다고 대답하자 형님이 나를 데리고 같이 냇가로부터 뒷걸음하다 보니 냇물 폭이 시각적으로 점점 좁혀졌다. 그러다 그 폭이 아주 없어진 듯 물줄기가 하나의 은빛선처럼 보이는 지점까지 가서 또 형님이 물으셨다. 너 저 선은 뛰어 넘을 수 있지 하고 물어서 나는 물론이지라고 대답하자 그럼 됐다 네 머릿속에 저 하얀 선을 고정시키고 그 선만 보면서 물가로 달려가다 뛰어 넘거라. 물가에 가까이 갈 때 네 눈에 냇물 폭이 점점 다시 넓어지는 것을 보지 말고 네 머릿속에 박힌 그 선만 보거라 라며 일러주셨지만 그 당시에는 형님의 말씀이 엉터리없는 것 같아 나는 시키는 대로 해보지도 않았다. 훗날에 와 생각해보니 형님이 하신 말씀을 수긍할 수 있을 것 같았다.

그렇지만 지금 와서 생각해도 한 가지 정말 이상한 것은 한국동란이 나기 꼭 일 년 전에 형님이 집에 들러 일 년 후에 큰 난리가 날 터이니 양식을 좀 미리 땅속에 묻어두라고 했다. 어머니는 미친 놈 미친 소리 한다고 형을 나무라신 끝에 그래도 혹시나 하는 생각에 양식을 준비 했다가 전쟁 때 양식 걱정을 안 할 수 있었다. 또 한 가지 불가사의한 것은 우리 가족이 1972년 한국을 떠나 영국에 가 살다가 어느 날 밤 꿈에 형님을 보았다. 꿈에서도 생시처럼 온다 간다 말없이 형님은 왔다 가셨다. 그런 꿈을 꾼 다음 날 나는 형님의 부고를 받았다. 꿈에 작별인사 하러 형님이 나타나셨지 않았을까.

'죽음의 사자使者가 찾아오면 그에게 무엇을 대접할까?' 이와 같은 물음에 인도의 시인 라빈드라나트 타고르(1861-1941)는 대답한다. '내 삶의 진수성찬을 내놓으리라.'

마지막 강의 인생보고서

지난 2008년 미국 카네기 멜론 대학의 컴퓨터과학 교수 랜디 파우쉬는 췌장암으로 47세에 타계하기 10개월 전 행한 그의 마지막 강의에서 뭣보다 동심童心의 경이로움을 강조했다. 의학적으로 시한부 선고를 받지 않았다 해도 이 세상의 인간을 포함한 모든 생물은 생물학적으로 시한부 선고를 받고 태어났지만 그래도 수명이 얼마 남지 않은 노인들 입장에선 누구나 다 후손과 후배들에게 남겨주고 싶은 말들이 있을 것이다. 뉴욕타임스 칼럼니스트 데이빗 브룩스는 2011년 11월 29일자 칼럼에서 그의 요청에 응답한 수많은 70세 이상의 독자들이 보내온 '인생보고서'에서 다음과 같은 몇 가지 공통된 교훈을 도출했다.

1. 연속과 단절

불행한 사람들은 시간을 연속된 흐름으로 보고 표류해왔나 하면 그 반대로 행복한 사람들은 그들의 삶을 몇 장의 기간으로 분류해 챕터별로 각자의 삶을 재설정 정립, 스스로의 운명을 바꾸거나 개척해왔다.

2. 반추와 성찰

불행한 사람들은 언짢은 일들을 계속 반추하면서 더 깊은 수렁으로 빠져드는가 하면 그 반대로 행복한 사람들은 궂은 일들은 속히 잊어버리고 용서하며 좋은 방향으로 되돌려왔다.

3. 도로徒勞와 포기

불행한 사람들은 포기할 줄 모르고 전혀 가능성 없는 일에 매달리는가 하면 행복한 사람들은 아니다 싶으면 일찌감치 포기하고 다른 가능성에 도전한다. 특히 자신은 물론 다른 사람을 결코 바꿀 수 없다는 사실을 일찍 깨닫느냐 그렇지 못 하느냐의 차이다.

4. 안일과 모험

미인은 용자勇者의 차지라는 말처럼 안일을 도모한 사람은 모험을 하지 못 한 것을 후회하게 마련이고 위험을 무릅쓰고 모험을 감행한 사람들은 그 결과에 상관없이 만족해한다.

5. 반골反骨-叛骨과 수용受容

가정이든 회사든 사회든 제도권 밖에서 '이방인'으로 떠돈 사람들은 불행하고 배와 같은 제도권 안에서 노를 젓는 사람은 행복하다.

최근(2013년 1월 20일자) 뉴욕타임스와의 인터뷰에서 ZL

Technologies회사 공동창립자 겸 대표인 콘 리옹Kon Leong씨는 젊은 이들에게 아주 적절한 조언을 했다. 자기가 가장 잘하고 좋아하는 일을 찾으라고. Try to find your sweet spot...The sweet spot is the intersection between what you're really good at and what you love to do.

또 최근(2013년 2월 10일자) 뉴욕타임스와의 인터뷰에서 Live Person회사의 창립자 겸 대표 로버트 로카시오Robert Lo Cascio씨는 자기 회사 사훈에 철저하게 입각해서 신입사원을 채용한다며 딱 두 가지 사훈이 있는데 하나는 '공동소유인이 되는 책임감being owners'과 '남을 돕는 봉사정신helping others'라고 했다. 그러면서 한 신입사원은 이 회사 사훈을 감당할 수 없다며 사직하더란다. I'm leaving the company because I can't handle being an owner. I just want to be told what to do.

일정시대 내가 국민(초등)학교 1학년 때 일본인 여자 담임선생님이 첫 수업시간에 해주신 말씀이, 세 가지 학생이 있는데 숙제나 공부를 시키는 대로 하지 않는 낙제생, 시키는 대로 하는 모범생 그리고 시키기 전에 본인 자신이 알아서 잘하는 우등생이라고 하셨다. 이 말씀을 나는 평생 잊지 않고 살아왔다. 학생으로서뿐만 아니라 가정과 직장 그리고 사회인으로서도 말이다. 영어에 최선을 희망하되 최악에 대비하라Hope for the best, prepare for the worst.는 말이 있다. 최선을 희망하는 낙관론자이다 보면 실망할 일이 다반사고 최악에 대비하는 비관론자이다 보면 자칫 패배주의에 빠져 부정적인 결과를 초래하게 되는 경우가 많은 것 같다. 그래서 나는 일찍부터 낙관론자나 비관론자가 되기보다는 '만족론자'가 되기로 작심했다. 결과가 어떻든 내 최선을 다해보는 그 자체에 만족하기로…….

삶 그 자체가 목적이고 어떤 삶이든 열심히 살아보는 인생예술가 외에 다른 예술가가 있을 수 없으며 성공이란 결코 행선지 종착점이라기보다 여정이라 해야 하지 않을까. 여정 그 자체가 곧 보답이고 보람이며 보상이란 말이다. 따라서 어떤 경우에나 승자는 노력하고 패자는 불평하지 않던가. 대학에 가야만 사람노릇 하는 것으로 생각하고 '인생대학'의 학생으로 평생토록 자신의 인격을 닦고 자아완성의 길을 가는 구도자가 될 생각을, 또 취직보다는 창직創職할 생각을 왜 못해보는 것일까.

언젠가 한국에서 '공부가 인생의 전부냐'는 항변의 유서를 남기고 남녀 중3생이 동반자살 했다는 충격적인 뉴스에 나는 경악을 금치 못하면서 이 두 어린 목숨을 끊게 한 병들대로 병들고 삐뚤어진 우리 한국사회에 분통이 터졌다. 경기도 용인 N중학교 3년 15세의 유 모 군과 같은 반 14세의 한 모양이 남긴 유서에는 다음과 같이 적혀 있었다.

'공부를 잘할 자신이 없어 부모님을 행복하게 해드릴 수 없습니다. 나중에 쓸모없는 2차 방정식의 값을 구하기 위해 진정으로 필요한 부모님과 선생님 그리고 친구들과의 사랑을 잃었습니다. 우리들의 시체를 같은 곳에 묻어주세요. 행복이 성적순으로 되는 이 세상, 공부만 하면 인간입니까? 저희들은 새장 속에 갇혀있는 새가 아닙니다. 이제 하늘 높이 날고 싶습니다.'

이 두 어린 소년 소녀의 유서에서 우리는 그 어떤 철인 현인의 도통한 경지 이상의 해탈을 볼 수 있다. 이 순수하고 용기 있는 어린이들은 어른들의 속물근성에 물들고 동화되기를 죽음으로 거부한 것이다. 이들은 공부가 인생의 전부가 아니고 사랑이 인생의 전부라고 절규하면서 공부벌레로 살기보다는 인간으로 죽기를 선택했다. 그것도 서로 좋아하는 남녀로서 동반자살, 정사情死하면서 시체를 같은 곳에 묻어 달라고 했다. 현대판 로미오와 줄리엣이라 할 수 있지 않나. 불행하게 사는 것보다 행복하게 죽는 길을 택한 것임에 틀림없다.

그러나 너무도 애처롭고 안타까운 것은 이 어린이들 보고 죽을 용기로 더 좀 용감하게 독창적으로 파격적으로 비세속적으로 살아보란 말을 해 주는 사람이 이들 주위에 없었음이다. 이들이 진정으로 필요한 부모님과 선생님 그리고 친구들과의 사랑을 잃었을지언정 서로 사랑하는 짝끼리 죽음의 동반자가 되기 전에 삶의 동반자가 되어보라고 이들에게 일러주는 사람이 이들 주위에 하나도 없었음이다. 누가 타이르지 않아도 이들 본인 스스로 그런 마음먹을 수 있었더라면 얼마나 좋았으랴.

공부를 잘할 자신이 없어 부모님을 행복하게 해드릴 수 없다고 두 학생은 그들의 유서에서 말한다. 예부터 사랑은 내리사랑이라고 자식더러 부모 행복하게 해달라고 강요하기보다 자식의 마음 편하고 즐겁게 해주는 게 부모 된 도리일 텐데 세상이 거꾸로 되어도 한참 거꾸로 된 것 아닌가. 진정으로 부모님을 행복하게 해드리는 길이 학교공부보다 인생공부와 인간수업을 잘해서 훌륭한 사람으로 보람되게 잘 살아주는 것이라고, 무엇을 하든 저 좋은 대로 저 하고 싶은 대로 저 살고 싶은 대로 살아보라고 격려해주는 것이 참된 어버이 마음이란 것을 이 두 어린 마음속에 왜 좀 더 일찍이 심어줄 수 없었을까.

세상 사는 길이 이 세상 사람 수만큼이나 다 다르고 여럿인데 어떻게 이처럼 한 길밖에 없는 것처럼 이들을 세뇌시켰더란 말인가. 아무리 사(ㅅ)자 좋아하는 세태요, 사회라지만 그 사(ㅅ)자라는 것이 다 시대착오적인 남존여비 관존민비사상의 잔재가 아니던가. 저 아일랜드의 극작가로 노벨상 수상자인 버나드 쇼가 갈파했듯이 오늘날 전문적인 직업인들이란 일반대중을 등쳐먹는 공모자들이라고 볼 수도 있지 않을까. 그리고 이런 '사(ㅅ)자님'들을 떠받드는 세상 사람들이 또한 공모자들이 아닌가.

'저희들은 새장 속에 갇혀있는 새가 아닙니다. 이제 하늘 높이 날고 싶습니다.' 이 얼마나 순수하고 자연스럽고 건전한 소망과 꿈이었나. 그렇다면 이들을 입시지옥 성적순으로 도배된 공부방에 가둬두지 말고 밖에 나가 힘차게 신나도록 뛰어놀면서 이들의 날개가 어서 크고 튼튼해져 세상을 높이 나는 법을 배우도록 해줬어야 한다. 타락한 어른들이 순수한 젊은이와 어린이들을 가르치기보다는 이들에게서 배워야 한다. 어른들이 가르친다는 교육이 고작 각종 편견과 화석화된 고정관념뿐이니 우리 사회가 바로 되자면 어린이들이 어른을 깨우쳐 가르치는 역교육 현상이 일어나야 할 것 같다. 그렇지 않고 현존하는 몰인격 교육이 판치는 한 이솝우화에 나오는 애꾸눈 원숭이들이 두 눈 가진 원숭이의 멀쩡한 눈 하나를 빼서 생애꾸눈 원숭이로 만드는 결과밖에 되지 않을 것이다. 프랑스의 비행작가 생떽쥐베리의 '어린 왕자'같은 스승이 필요하다는 뜻이다.

음악(1) : 영혼의 소리

음악은 '영혼의 소리'라고 한다. '나는 음악을 좋아한다. 음악은 도덕을 초월한 것이기 때문이다. 음악 말고는 모든 것이 도덕과 관계가 있는데 나는 도덕이나 윤리와 상관없는 것을 좋아한다. 누가 뭘 전도하고 설교하는 것을 난 언제나 못 견뎌 했다.' 이렇게 말한 1946년 노벨문학상 수상 독일 작가 헤르만 헷세와 나도 전적으로 동감이다. 만일 구약성서 창세기에 있는 말같이 하느님이 천지를 창조하시고 빛이 있으라 하시니 빛이 있었고 그 빛이 하느님 보시기에 좋았다면 바로 이처럼 하늘과 땅 사이에 작동된 빛이 음과 양 사이의 번개 빛과 천둥소리를 불러 일으켰으리라. 이렇게 탄생한 음악이 이 세상 끝날 때까지 우리 모든 사람과 자연 속에 바람이 들게 해서 하늘과 땅이, 남자와 여자가 자웅이색雌雄異色 자웅이형雌雄異形의 동식물이 우리 몸속에서 요동치는 생명의 음악에 맞춰 짝지어 춤추면서 사랑하고 번식 번성하게 되었구나. 이렇게 볼 때 우리 한국말이 참으로 기차도록 멋있고 재미있다. 우리말로 음악은 또한 음악淫樂을, 성악은 또한 성악性樂을 의미하지 않나 싶다. 사람이 내는 음악소리 말고도 자연은 음악으로 가득 차 있다. 어느 곳에나 음악이 있다.

졸 졸
바다를 향해 흐르는 시냇물 소리

살랑 살랑
사랑 살아 살아 사랑 숨 모아

솨 솨
나뭇가지 사이로
하늘 높이 부(르)는 바람 소리

출렁 출렁
춘화추월春花秋月 어울려 춤추다

철썩 철썩
철부지 응석 부리듯 바닷가에 부딪치는 파도 소리

똑 똑
꽃잎에 떨어지는 빗방울 소리

맴 맴 매미소리
쓰르름 쓰르름 쓰르라미 소리

귀뚤 귀뚤 귀뚜라미 소리
개굴 개굴 개구리 소리
꾀꼴 꾀꼴 꾀꼬리 소리

빼꾹 빼꾹 빼꾸기 소리

'으앙' 태어나면서부터 '깔딱' 숨 넘어 갈 때까지 인생 또한 각양 각색 다채로운 음악으로 가득 차 있다. 봄, 여름, 가을, 겨울, 자연의 계절뿐만 아니라 인생의 사계라 할 수 있는 생로병사에 따라 생일노래, 결혼축가, 장송곡, 진혼곡 등으로 이어진다. 음악보다 더 보편적이고 세심한 만인의 언어가 없는 까닭에 우리의 가장 큰 기쁨과 슬픔, 착잡 야릇한 심정과 깊은 생각을 말로 할 수 없을 때 우리는 우리의 모든 사상과 감정을 음악으로 표현한다. 언제나 나뭇잎은 살랑 살랑 바람에, 물방울은 출렁 출렁 파도에 흔들려 잠시도 가만있지 않듯이 우리가 내는 '숨소리' 음악과 우리가 벌이는 '몸놀이' 춤, 다시 말해 우리의 가장 천연스럽고 자연스러운 '마음짓'과 '몸짓'을 말리거나 막을 수도 없고, 또 말리거나 막아서도 안 되리라.

프랑스의 작곡가 모리스 라벨의 스페인풍 무용곡 '볼레로'를 젊은 날 처음 들었을 때 몹시 흥분됐었다. 요즘도 이 곡을 들을 때마다 큰 감동을 받는다. 이 곡은 남녀 간의 정사코스를 연상시키는가 하면 사랑의 이슬방울과 삶의 물방울들이 쉬지 않고 흘러 흘러 사랑과 삶의 바다로 흘러들어가는 자연코스, 즉 사랑과 삶의 유장한 흐름, 곧 인생역정을 떠올린다.

음악(2) : 원초적 본능

자나 깨나 음악은 우리 심장 속에서 쉬지 않고 고동치며 춤추듯이 시간과 공간을 통해 자유 자재로 거침없이 거리낌 없이 유유히 흐른다. 여러 가지 소리와 리듬, 색깔과 풍경, 맛과 멋으로 바뀌면서 어떤 음악은 우리를 흥분시키고 또 어떤 음악은 우리를 진정시킨다. 음악이 언제 처음 생겼는지 또 예술로서 음악이 언제부터 시작되었는지 아무도 정확히 알 수 없겠지만 아마 새소리와 더불어 이었으리라. 새소리는 사람의 노랫소리에 가장 가까우니까. 아니면 풍요를 기원하는 무당 샤먼shaman의 장고 북소리에서 비롯하였으리라.

실제로 음악의 기원이 어찌 됐건 원시사회로부터 음악은 한 부락이나 집안 모든 사람이 함께하는, 누구에게나 빼 놓을 수 없는, 중요하고 뜻 깊은 일이었으리라. 오늘날 우리는 흔히 음악을 오락이나 취미로 여기지만 음악학자들에 의하면 고대 희랍 사람들은 어떤 음악은 사람의 의지를 약하게 하고 또 어떤 음악은 강하게 한다고 믿었다고 한다. 그래서 오늘날에도 어떤 음악이 그 누구의 비위에 안 맞으면 퇴폐적이라느니 부도덕 하다고 또는 불경不敬스럽다고 낙인찍히고 금지되는가 보다.

그런가 하면 음악은 오락이나 예술로서 뿐만 아니라 인간의 질병, 그 가운데서도 특히 정신적이거나 심리적인 정신 심리병을 치료, 치유하는데 사용되기도 한다. 하기는 모든 병이, 특히 내과 질환이, 싸이코소매틱psychosomatic이라고 불건전한 정신심리상태에서, 잘못된 감정에서 발생하는 것이라 할 때 음악 이상의 약이 없을는지 모를 일이다. 또 한편 오늘날 과학자들은 음악이 인간 두뇌의 미스터리 비밀을 밝혀내는 도구가 될 수 있다는 것을 인식하기 시작했다. 음악은 오랫동안 예술의 영역에 머물거나 물리학자들에 의해 소리의 메커니즘을 연구하는데 이용될 뿐이었으나 지금은 마음에 이르는 독특한 창구로 심리학자들의 관심을 끌어 모으고 있다. 그리고 인간이 상상할 수 있는 어떤 소리도 낼 수 있는 컴퓨터기술 개발로 과학자들은 인간두뇌가 어떻게 작용하는가를 알아내는데 음악을 이용할 수 있게 됐다.

그뿐만 아니라 음악은 또 흡수 입력되는 정보를 여과해서 우아함과 아름다움을 인식하는 생태학적 근간에 어떻게 종합하고 기억시키는가를 알아보는 실험방법으로도 쓰이고 있다. 이 같은 새로운 연구결과로 음악을 이해하고 감상하는 누뇌활동이 두뇌의 다른 기능, 예를 들어 인식, 기억, 수학, 언어 기능과도 깊이 얽혀있다는 것을 알게 된 것이다. 사전에 보면 음악이란 소리에 의한 예술, 박자, 가락, 음색, 화성 등에 의해 갖가지 형식으로 조립한 곡을 목소리나 악기로 연주하는 것이라고 정의되어 있다. 그런대로 맞는 말이겠지만 소리 외에도 동작이나 풍광 경치까지도 음악이라고 할 수 있지 않을까. 갓난아기 엄마 젖 빠는 것부터 아장 아장 어린 아이의 아장걸음, 소녀의 청순한 미소와 할아버지의 파안대소, 달팽이 촉각의 미세한 움직임과 독수리의 힘찬 날갯짓, 반딧불과 별빛의 반짝임, 달무리 구름의 흐름과 눈부신 햇살 쏟아짐, 비바람, 눈보라, 꽃과 무지개, 하늘과 땅과 바다, 그 속에 있는 것 모두가 다 음악이다.

음악(3) : 자연의 소리

모든 예술 중에서 아마도 춤이 음악과 가장 밀접한 관계라고 할 수 있을 것이다. 음악 없는 춤이란 우리가 상상조차 할 수 없으니까 말이다. 다정한 벗이나 연인들 사이의 대화처럼 음악은 바람 불듯 물 흐르듯 샘솟듯 이어지고, 별이 반짝이듯 구름 위로 날기도 하며, 꽃피듯 웃음꽃으로 피어나는가 하면 꽃잎에 이슬 맺히듯 가슴속에 사랑의 눈물짓기도 한다. 시처럼 음악은 여러 가지 다른 무지갯빛 기분과 감상을 불러일으키면서 우리의 감정과 생각들을 정화하고 순화하며 승화시켜 준다. 그리고 그림처럼 우리가 글이나 말로 하기 힘든 이야기를 그 더욱 감흥을 자아내고 운치 있게 해주며 여운을 남긴다. 잔잔한 호수에 던져진 돌이 수면에 파문을 일으키듯 음파도 발기된 음악의 중심점으로부터 퍼져 나간다.

심장이 뛰는 대로
가슴과 가슴 사이로
정열적으로 진동하며
심금을 타는 것이 음악이리.

독일의 악성樂聖 베토벤이 그의 '장엄 미사곡' 악보 첫머리에 적었듯이

빌고 바라건대
가슴에서 나왔으니
가슴으로 전달되기를

말할 수 없이 낭만적이고 시적인 영감으로 입신의 경지에서 음악으로 숨 쉬듯 살다 간 오스트리아의 작곡가 슈베르트가 이 한없이 놀랍고 경이로운 예술에 대한 끝없는 사랑과 감사의 표출로 작곡한 더할 수 없이 슬프도록 아름다운 노래들 가운데 가장 단순하나 음악의 정수라고 할 수 있는 것이 다름 아닌 '음악에게'란 노래이리라. 어떤 음악이든 일분도 안 되는 짧은 노래에서부터 한 시간 가까이 계속되는 교향곡 심포니에 이르기까지 하나의 유기체 생물이라고 해도 과언이 아니다. 어둠속에서 빛이 분리되듯 정적을 깨뜨리고 태어난 소리는 달이 차듯이 차차 커지다 기울면서 어떤 몰아의 황홀경으로 아니면 너무도 평화롭고 고요히 또는 괴괴히 사라진다. 살아 있는 유기체 생물처럼 음악도 곡마다 다 다르고 어떠한 두 곡의 음악도 같지 않다. 똑같은 곡이라도 연주자의 개성과 인격, 그의 연주정신과 연주혼에 따라, 또 똑같은 연주자라도 연주자의 열정과 정감의 깊이와 강도에 따라, 현저하게 또는 미묘하게 다르다.

그렇다면 이 얼마나 맛있고 신통절묘한 우연의 일치인가. 영어에서도 거의 동음이의어同音異意語–homonym인 두 단어 오르가니즘organism과 오르가즘orgasm이 음악의 두 동의어로 바꿔 쓸 수 있음직하지 아니 한가. 어쩌면 이것이 음악의 진짜 뜻이 아닐까.

그렇다면 너도 나도
우리 모두 다 함께
하늘과 땅 음과 양
남과 여 수컷과 암컷
산과 골짜기
우주 삼라만상과 더불어
우리 각자 가슴 뛰는 대로
만만출세萬萬出世로다.
음악音樂-淫樂소리
성악聲樂-性樂을 즐기며
만만세萬萬歲를 부르자.

수선화 피우는 낙

우리는 미신迷信을 보전한다. 믿어서라기보다 미신이 주는 이상야릇한 스릴 때문이라고 필립 개리슨은 그의 에세이집 '점복占卜 Augury'에서 말한다. 우리는 민속신앙을 존중한다. 그대로 믿어서가 아니다. 그것은 우리의 집단적 반의식적인 염원이다. 우리의 단조로운 일상생활에 생기를 불어넣기 위한 것이다. 우리 삶을 계획하기 위해 어떤 법칙과 규칙을 적용하든 말든 어떻든 미신은 예측불허의 긴장상태에서 발생하는 흥분, 짜릿짜릿, 조마조마, 우리의 가슴을 두근거리게 해준다. 우리 가슴 뛰게 해준다. 믿음과 사실은 서로 상반되는 것, 적어도 정반대로 어긋나게 맞서는 것이 아니고 에둘러 상호 보완한다. 예측가능성에 싫증난 우리는 예측불가능의 세계를 동경한다. 우리 믿음의 편린 조각들로부터 미루어 점쳐볼 수 있는 미지의 세계를…….

한때 저 명왕성이 해왕성과 연관관계를 맺듯 한 별의 궤도 또는 그 궤도의 어떤 불규칙성이 천문학자들로 하여금 그들이 보지 못하는 다른 별들의 존재와 위치를 추측, 추리할 수 있게 하듯이, 나이를 먹을수록 온갖 민속신앙이 내 머릿골 속에 박히는 것 같다. 내 사고의 주위로 온전히 자리 잡으면서, 이 괴상망칙한 고풍古風의 유령들이 인생과 예술 사이로 너울너울 춤추며 떠도는 것을 바라보노라면 나는 혼미한 황홀지경에 빠진다. 우리가 사실의 풍경화 속에 살고 있으나 그 상대화相對畵인 믿음의 세계로 끌리는 유혹을 피할 길 없다. 동서고금 막론하고 남녀노소 할 것 없이 밥(또는 빵)도 먹지만 꿈도 먹고 사는 게 사람이기에 예술인과 더불어 요술인妖術人 신부, 목사, 중, 무당, 점장이 종교인들도 밥 벌어 먹고 살 수 있나 보다.

얼마 전 나도 이런 점장이의 밥이 되어 본 일이 있다. 뉴욕의 그리니치 빌리지 거리를 지나다 호기심으로 태로우tarot 카드 점을 봤다. 어려서부터 별나게 호기심이 많은데다 어떤 일이고 미리 판단하고 단정해버리지 않고 어떤 편견이나 선입견 또는 고정관념도 갖지 않으려고 노력해온 까닭에서였으리라. '당신이 원해 추구했더라면 그 어떤 명예도 얻고 권력도 잡고 재산도 크게 모았을 사람인데 당신은 그따위 것엔 전혀 관심 없이 참사랑true love만을 찾아온 낭만주의자요 이상주의자야. 멀지 않은 가까운 장래에 당신이 평생토록 찾아온 당신의 영혼의 짝soul-mate을 찾게 될 것이다. 또한 당신은 돈이 많지도 없지도 않지만 언제나 당신 쓰고 싶은 만큼 쓰고 살 운명을 타고 났다. 그리고 당신은 여행을 좋아해 많이 하며 음악을 늘 즐겨 듣는다. 게다가 당신은 당신이 보스가 되어야지 다른 사람 밑에서는 일 못하는 사람이야'

그 말도 그럴듯했다. 하기야 그 누군들 안 그러랴. 선택의 자유와 여유가 있다면야. 하지만 미신이든 신앙이든 믿음은 믿음이고, 환상이든 몽상이든 꿈은 꿈이다. 스스로의 과대평가가 어리

석다면 그 반대로 과소평가는 그 더욱 어리석고 안 좋은 일일는지 모르겠다. 미국의 정치가이며 과학자이고 문필가인 벤자민 프랭클린이 그의 자서전에서 말한 것 같이 자만심을 극복하겠다고 겸손하다는 교만을 부리게 되어서는 안 될 테니까.

사람마다 다 제 잘난 멋과 맛에 산다고 하는데 그도 그럴 만한 것 같다. 이 세상에 태어나기 열 달 전부터 수많은 경쟁자들을 물리치고 치열한 생존경쟁 끝에 적자생존으로 엄마 뱃속에 수태된 것 아닌가. 그렇다 해도 나는 어려서부터 유달리 수선화 피우는 낙으로 살아온 것 같다. 연못 물 속에 비친 제 모습에 반한 나머지 그 연못에 빠져 죽은 미소년美少年이 그 연못가에 수선화로 피어났다는 수선화의 전설 말이다. 봄에 제일 먼저 피는 꽃이 수선화라 하지 않나. 어쩌면 내가 제일 좋아하는 꽃, 코스모스가 가을에 가는 곳마다 길가에 많이 피도록 부지런히 수선화부터 연못가에 많이 피워야겠다.

궁합을 믿어야 하나

몇 년 전 시애틀에 있는 워싱턴대학 제임스 머리 교수는 시애틀에서 열린 미국과학진흥협회(AAAS) 연례총회에서 이혼 등 부부의 미래를 매우 정확하게 예측하는 수학적인 모델을 개발했다고 발표했다. 수학과 심리학을 이용해 만든 이 부부관계 측정시스템은 5년 만에 이혼하게 될지 그렇지 않을지를 94%의 정확도로 예측할 수 있다고 주장한다. 이와는 좀 다르지만 역시 수학적인 것으로 생년월일 숫자를 통해 그 사람의 삶과 미래를 점치는 수리학Numerology이란 것도 있다. 우리 동양의 사주팔자와 궁합宮合은 말할 것도 없고…….

프랑스 작가 스탕달Stendhal은 그의 '연애론'에서 태초에 본래 더할 수 없이 행복한 쌍쌍들로 인간이 부족함이 없다 보니 신을 찾거나 섬기려 들지 않아 심술이 난 사랑의 여신이 질투심에서 인간 남녀 쌍쌍을 모두 분리시켜 세상에 흩뿌려 버렸다고 한다. 이로 인해 인간 모두 사랑의 이산가족이 되어 누구나 반쪽사랑 때문에 사랑에 굶주리고 병들고 미쳐 그토록 고통을 당하고 슬픔을 참아

내며 각자 잃어버린 제짝을 찾아 헤매게 되었다고 한다. 젊었을 때 하는 사랑이란 호르몬 작용에 불과하다는 말도 있지만 짝짓기에 있어 궁합을 믿어야 하냐는 이 의문에 답을 찾기 위해 내가 잘 아는 한 남자의 실례를 들어보도록 하자.

어려서부터 어른들의 위선과 독선에 반발해온 그는 특히 약자인 여자를 농락하는 남자를 가장 비열한 인간으로 경멸했다. 그러면서 자기는 결코 위선자가 되지 않겠노라며 위악자로 자처했다. 그런 그의 이리 탈을 쓴 양의 허장성세에 매력을 느꼈는지 그를 따르는 아가씨가 꽤나 있었다. 그런 중에 한 아가씨와 데이트다운 데이트도 한 번 못해본 체 어느 날 밤 넘어서는 안 될 선을 넘고 말았다. 만취상태에서 부지불식 간에 일을 저지르고만 그는 도의적인 책임을 느껴 청혼을 했다. 그랬더니 뜻밖에도 거절하지 않는가. 하룻밤 같이 지냈다고 꼭 결혼까지 해야 할 필요가 없다며……. 그 때까지 그가 들어온 바로는 이런 경우 남자 쪽에서 책임회피를 해도 여자 쪽에서 죽으나 사나 결혼하자고 매달린다는데 세상이 거꾸로 되어도 유분수지 이럴 수가 있단 말인가. 그는 이해할 수가 없었다. 사람이 말로는 거짓말을 할 수 있어도 행동으론 그럴 수 없다고 믿어온 그는 여자의 말보다는 행동을 믿을 수밖에 없다는 판단에 계속해서 여자를 설득하려고 했다.

설상가상으로 여자 쪽 집에서 반대가 심하자 그는 더 오기가 나서 더더욱 용기백배, 집요한 노력 끝에 이 똑똑하고 호락호락하지 않은 아가씨와 결국 결혼까지 했으나 결혼 한지 삼년도 못돼 이혼하게 됐다. 성격의 상충은 물론 가치관의 차이로 합의이혼을 하고 보니 이미 두 아이의 엄마가 셋째를 임신 중이었다. 애들을 위해서라도 또 처가의 반대를 무릅쓰고 한 결혼이었기에 어떻게 해서든 잘 살아 봐야겠다는 결심과 살다 보면 서로 동화가 되려니 하는 희망으로 그는 초인적인 노력을 다해봤다. 그러나 사람은 누구나 자신도 남도 바꿀 수 없고 세월이 아무리 흘러도 조금도 변치 않는다는 것을 절감에 절감을 한 끝에 그가 결혼한 지 20년 만에, 첫 번 이혼한지 18년 만에 두 번째로 이혼, 다시 헤어지게 되었다. 늦게나마 그가 깨닫게 된 것은 맞지 않는 사람끼리는 아무리 기를 써도 소용없고 억지로는 어떤 일도 될 수 없다는 것이다. 그렇다면 문제는 얼마나 자가발전의 자아실현과 자아충족이 가능한가가 아닐까. 다시 말해 자신 스스로를 사랑할 수 없는 한 아무도 사랑할 수 없다는 사실, 아니 진리를 터득하는 것이리라. 자신 스스로 행복할 수 있을 때 비로소 다른 사람도 행복하게 해줄 수 있다는 말이다. 노향림의 시 '파브르의 곤충기'가 생각난다.

잃어버린 짝을 찾아
눈 가리고도 수천 수만리를
단독 비행해 온다는
벌 이야기가 떠올랐다.
먼 옛날로부터
사람은 날개 터는 벌이 아니었을까.
마주치는 얼굴마다
온종일 붕붕거리기만 한다.

알랑가 몰라의 무스타일과 무계획이 최고다

싸이같은 사람이 있어 세상은 참 재미있다. 최근 '강남스타일' 후속곡 '젠틀맨'을 선보이는 신고식 대형 콘서트 직전 영국 기자의 질문에 답하면서 한반도가 세계에서 유일한 분단국가라는 사실은 비극이라면서도 내가 할 일은 사람들을 즐겁게 웃기고 행복하게 하는 것이라고 그는 말했다. 젠틀맨의 라임에서처럼 정말 '알랑가 몰라' 무스타일과 무계획이 최고임을…….

톨스토이는 항상 세 가지 질문에 자문자답하면서 살았다고 한다. 가장 중요한 때는 바로 오늘 이 시간이고, 가장 필요한 사람은 지금 내가 만나고 있는 사람이며, 가장 중요한 일은 현재 내가 하고 있는 일이라고 했다. 또 링컨대통령은 난 아무런 계획도 없이 살아왔다. 다만 매일 매일 나의 최선을 다했을 뿐이라고 했다지 않나. 그리고 당신이 어떤 계획을 세우면 신神이 웃는다는 말도 있다. 어려서부터 늘 파격을 좋아해서인지 내 딴엔 무기교와 무스타일이 최고의 기교요 스타일이라고 막무가내로 우겨왔다. 그래서였을까 내게는 언제나 좀 색다른 아이돌이 있어 왔다. 아주 어렸을 때 읽은 안데르센 동화 '임금님의 새 옷'에서 임금님 벌거벗었다고 외치는 어린 아이가 그 첫 번째로 정직 이상의 책략이 없다는 진리를 일찍 터득하게 되었다.

그 다음 청소년 시절 본 미국의 서부영화 '셴Shane'이 너무 너무 좋았다. 총잡이 셴이 총잡이 생활을 청산하고 길을 가다 머물게 된 어느 농촌 마을에서 선량한 그 마을사람들이 일당의 악당으로부터 갖은 고통과 피해를 입고 있는 것을 보다 못해 다시는 안 잡겠다던 총을 잡아 혼자서 여러 명의 총잡이 악당을 통쾌하게 해치우고 떠나는 스토리였다. 어느 농가의 어린애와 잠시 친하게 지내다가 그 아이의 엄마인 농부의 아내가 보내는 사모의 정어린 시선을 뒤로 하고 그 농부 가정의 행복을 빌며 냉정히 떠나가는 끝 장면이 퍽 인상적이었다. 아이가 뒤쫓아 가면서 쉐인, 쉐인 부르는 소리가 먼 산울림으로 메아리치는 영향 때문이었을까 나도 한때는 억강부약抑强扶弱에 투신했었다.

그 후 청년시절 탐독한 스페인 작가 세르반테스의 돈키호테 로망에 빠져서 젊은 객기로 당시 잘나가던 영자신문 기자생활을 집어치우고 이색 주점 대포집 '해심海心'을 시작할 때 일이다. 벌기 무섭게 쓰기 바빴던 터라 없는 자본을 마련하기 위해 나를 잘 아는 몇몇 사람에게 제안을 했다. 무조건, 무기한, 무이자로 버리는 셈치고 자금을 좀 대달라고 했다. 물론 차용증서나 계약서 같은 건 없는 조건이다. 운이 좋아서인지 일 년 내에 조달된 돈을 열 배로 갚을 수 있었다. 그리고 청장년 기에 들어 즐겨 본 미국 TV 연속물 콜롬보 형사처럼 나도 내 사전에서 포기란 단어는 빼버리고 물고 늘어지기를 거듭해왔다. 기어코 내 목적을 달성할 때까지 그렇게 했다. 그 최근의 실례를 하나 들어보자면 다음과 같다.

2010년 9월 4일자 뉴욕타임스의 '토요일 프로필THE SATURDAY PROFILE' 고정난에 최상헌 기자가 쓴 기사가 있었다. 그 기사의 내용은 운전면허를 따기 위해 960번이나 시험을 치고 또 치른 서울에서 112마일 남쪽으로 떨어져 있고 산으로 둘러싸인 완주군 신천이란 마을에 사시는 69세의 할머니가 959번 떨어진 후 960번째 합격하셨다는 기사였다. 혼자 사시는 차사순이란 이 할머니는 60세가 넘도록 애들 넷 키우느라 농사일과 야채장사 하시느라 정신없이 지내시다가 2005년 4월부터 매주 두 시간에 한 번씩 오는 시골버스를 타고 전주시까지 나가 필기시험에서만 949번 떨어지고 950 번째100점 만점에 가까스로 60점을 받아 합격한 후 또 실기시험에서 계속 떨어지다 드디어 960번째 합격하셨는데 손자 손녀 애들 동물원에 차 태워 데려가고 싶어 운전면허를 따게 되셨다고 한다. 이 소식이 널리 전해지자 현대기아 그룹에서 $16,800 짜리 SOUL 자동차 한 대를 할머니에게 기증했다는 내용이었다.

이 기사를 보면서 나는 나 자신에게 다짐했었다. 나는 차사순 할머니보다 두 배 이상 노력해봐야겠다. 그 당시 나는 내 애들에게 물려줄 유일한 유산으로 아빠가 살아온 삶을 간략히 동화형식으로 작성해본 원고를 한국의 여러 출판사에 문의하고 있을 때였다. 일천 군데 가까이 거절당한 끝에 지난 2011년 6월 1일 자연과인문에서 '어레인보우: 무지개를 탄 코스미안'이란 제목으로 책이 나오게 되었다. 그리고 이 책을 영문으로 새로 써서 이천여 미국 출판사에 문의해온 끝에 2013년 봄에 '코스모스 칸타타: 한 구도자의 우주여정Cosmos Cantata: A Seeker's Cosmic Journey이란 제목의 영문판이 저명한 미국출판사 Mayhaven Publishing, Inc.에서 나오게 되었다. 차사순 할머님 같은 분이 계셔 세상은 정말 살맛난다. 이 자리를 빌려 차사순 할머님께 진심으로 깊이 감사드린다.

돈벼락 비가悲歌

영화로도 만들어진 미국 작가 존 스타인백의 1947년도 단편소설 '진주The Pearl'가 있다. 멕시코의 민속 이야기를 소재로 한 것인데 한 젊고 가난한 어부 키노가 굉장히 큰 진주를 하나 캐게 되면서 벌어지는 인생 비극을 아주 사실적으로 묘사했다. 이와 비슷한 실례 하나 들어보자. 나보다 두 살 위의 작은 누이는 유학 중에 미국의 동양학자와 결혼했다. 남편은 한국주재 미 공군 군무를 마친 후 1963년 화란의 라이덴대학에서 '한국 : 몽고의 침략Korea : The Mongol Invasions'이란 학술논문(저서)으로 박사학위를 취득하고 미국 인디애나대학에서 교편을 잡다가 프린스틴대학의 첫 한국학학자로 재직했다. 그 후로 하와이대학으로 옮겨 동서문화센터의 한국학회를 창설한 미국의 대표적인 한국학자로 그는 한국어, 일본어, 중국어, 한문에도 능통했다. 그는 '한국역사A History of Korea'라는 영문으로 쓴 첫 한국 역사책을 집필했고 전前 고려대학교 총장 유진오 박사가 지어준 한국이름 '현순일玄純一'도 갖게 됐다.

그동안 남편의 연구논문 집필에 내조하면서 영한 회화사전 'EVE-

RYDAY KOREAN; A Basic English-Korean Wordbook'도 펴내며 바삐 지내던 누이가 애들을 학교에 보내고 시간이 좀 나자 부동산 매매 라이센스 얻는 공부를 해 부동산 중개인 리얼토Realtor가 되었다. 본래 말수가 적고 빼어난 외모에다 마음 씀씀이 크고 신의가 두터우며 침착한 성품 때문이었는지 누이는 세일즈 판매를 썩 잘했다. 부동산 중개 커미션 수수료 6%에서 소속된 브로커회사에 3% 떼어주고 남는 3%로 누이가 일주일에 버는 돈이 대학교수 남편의 연봉보다 많아지자 남편이 자존심이 상했는지 아니면 돈에 대한 욕심이 생겼는지 학자로서의 경력과 대학교수직을 버리고 부동산 중개업 브로커 라이센스를 취득, 누이와 같이 부동산 중개업 회사를 하나 차렸다. 처음에는 개인주택 세일즈만 하던 누이의 평이 좋아지자 큰 개발업자들이 해변가에 콘도미니엄 분양 맨션아파트 등 수백 채씩 짓기 시작하면서 그 세일즈 판매를 누이한테 다 맡겼다. 그러면 누이가 세일즈 계약금 받아오는 것으로 공사를 마칠 수 있었다. 이렇게 큰 콘도단지, 고급 별장, 호텔 등을 취급하면서 누이의 세일즈가 날로 늘어났다. 미국 본토뿐만 아니라 유럽, 남아프리카 등 세계 각국으로부터 걸려오는 국제전화 한 통화로 큰 덩어리 부동산 매매가 이루어지게까지 되었다. 남편은 사무실만 지키고 누이가 오십 여명의 리얼토를 거느리고 백방으로 뛰었다. 이와 같이 몇 년을 그야말로 눈코 뜰 새 없이 뛰다보니 누이네는 억만장자에 가까운 큰 부자가 되었다.

이토록 갑자기 돈이 많이 생기자 계모 밑에서 자라다 소년시절 집을 뛰쳐나가 선원으로 세계 각지를 돌아다닌 후 미국 정부 장학금으로 명문대학을 뛰어난 성적으로 졸업, 톱클래스 동양학자가 되었던 남편이 돈 쓰는데 신바람이 났다. 주말이면 라스베이거스에 가서 하룻밤에 몇 만 불, 몇 십만 불씩 날리고 놀아나기 시작했다. 누이는 돈 벌기에 정신없었고, 남편은 돈쓰기에 바빴다. 보다 못해 남편에게 재산을 떼어주고 이혼한 누이는 두 아들을 키우면서 사업을 계속해 나갔다. 떼어 받은 재산을 몇 년 안에 다 탕진하고 알거지 신세가 된 전남편이자 애들 아버지가 하도 가련하고 비참해 보여 인정이 많았던 누이는 다시 남편으로가 아니고 애들 아빠로서 집에 들였는데 그런지 얼마 되지 않아 변이 나고 말았다. 당시 영국에 살던 나는 어느 날 밤 이상한 꿈을 꾸었다. 누이가 가파른 비탈길에서 누이 자신이 몰던 차에 깔려죽는 꿈이었다. 잠을 깨서 이상하다 했는데 전보를 받았다. 노모를 작은 누이가 모시고 있었기에 어머님이 돌아가셨구나 하고 전문을 받아 본 순간 나는 기가 딱 막혔다. 꿈에서처럼 누이가 교통사고로 죽었다는 통보였다.

개인적인 사정으로 장례식에도 참석치 못하고 후에 큰 누이한테서 들으니 작은 누이는 아침 일찍 애들이 다니는 호노룰루의 명문 사립학교 푸나후(내 큰 외조카는 오바마 대통령과 동급생이었다)에 데려다 주고 아침나절에 변을 당했는데 고급별장을 짓는 어느 바닷가 절벽으로 오르는 아직 포장 안 된 산비탈길에서 누이가 몰던 자기차에 깔려 죽어있는 것을 지나가던 행인이 오후에 발견, 경찰에 신고했다고 했다. 1983년 일이다. 이 변을 당하기 전에도 작은 누이가 그 당시 콜로라도주 덴버에 사시던 큰 누이에게 전화로 전 남편 빌William의 약칭 Bill이 자기를 죽이려 하는 것 같다고 말했었단다. 어떤 때는 누이의 자동차 트렁크에 살인 독가스 같은 것을 채워놓기도 했다면서, 틀림없이 작은 누이의 전남편이 청부살인을 시킨 것 같다고 큰 누이는 나에게 말했었다. (작은 누이의 전남편은 누이가 세상 떠난 지 10년 후 1993년 심장마비로 돌아가셨다. 두 분의 명복을 빈다.) 오호애재통재嗚呼哀哉痛哉로다. 자본주의 물질만능의 배금사상이 팽배한 이 시대를 사는 우리 모두에게 경종警鐘이 되리라. 하나의 돈벼락 비가悲歌로서.

세 어머니 이야기

친구 XX는 94세로 세상을 떠나신 어머님을 말년에 시설 좋은 뉴욕 맨해튼에 있는 유태인 양로원Nursing Home에 모셨는데 별세하실 때까지 정신도 말짱하셨다. 매주 한두 번 방문했는데 마지막 숨을 거두시기 한 주 전에 XX야, 네 외할머니 너한테 오셨니 라고 물으셨다. 그 당시 그는 흑인들이 많이 사는 뉴저지주 오렌지시에서 가발가게를 하나 하면서 가게 뒤 작은 헛간 같은데다 야전침대 하나 놓고 혼자 지낼 때였다. 어머님, 무슨 말씀이세요라고 그는 반문할 수밖에 없었다. 외할머님을 뵌 적도 없고 그가 태어나기도 전에 돌아가신 분이었으니까. 그랬더니 어머님께서 하시는 말씀이 네 외할머니가 내게 오셨기에 난 괜찮으니 ○○한테 가서 수발 좀 들어주시라고 했다는 것이었다. 며칠 후 다시 찾아뵈었을 때 어머님께서 네 외할머니 네게 안 오셨니 라고 다시 물으셨다. 아니, 어머님, 무슨 말씀하시는 거예요 라고 그는 되물었다. 네 외할머니가 다시 오셨기에 난 정말 괜찮으니 제발 ○○한테 가서 좀 돌봐주시라고 했다는 말씀이었다. 그런지 이틀 만에 병원에 입원하셨다가 돌아가셨다. 병원에 계신 동안 어머님을 극진히 보살펴 준 한국인 간호사가 ○○이다. 돌아가시면서까지 그를 걱정해주신 어머님의 극진한 사랑으로 모든 일에 지극정성인 여인을 만나 재혼한 그는 벌써 23년째 같이 살아오고 있다. 친구 XX의 외할머님이 ○○이라는 여인으로 그에게 나타나주셨는지 모르는 일이다.

○○은 인천에서 태어나 열 살 때 아버님이 돌아가시고 오빠가 한 명 있었지만 장녀로서 어머님과 남동생 그리고 여동생 둘을 돌보는 소녀가장이 되었다. 고학하며 중학교를 마치자 학비가 안 드는 간호고등학교에 진학해 간호사가 되었다. 초등학교 다닐 때부터 줄곧 반장을 하던 똑똑하고 예쁜 ○○은 부반장을 하던 남학생을 그가 공군사관학교에 다닐 때부터 사귀게 되었다. 그러다 ○○이 서독파견 간호사로 2년 계약하고 떠나게 되었다. 서독에 가서도 휴일도 없이 낮번 밤번 이중으로 열심히 일하면서 버는 돈을 다 한국으로 송금했다. 남자친구와는 편지로만 서로의 그리움을 달래면서……. 계약기간이 끝나가자 ○○은 큰 고민에 빠졌다. 한국에 돌아오면 공군 소위와 결혼하게 될 텐데 남자 쪽도 집안 형편이 어려운지라 더 이상 친정을 도울 수 없기 때문이었다. 더구나 바로 밑의 여동생이 사춘기 때부터 정신이상이 생겨 경제적인 부담이 커지고 있을 때였다. 깊은 고민 끝에 그야말로 심청이가 따로 없다고 가족을 위해 자신의 첫사랑까시 포기하고 친구의 소개로 서독에 주둔한 미군병사를 만나 결혼해 미국으로 오게 되었다. 후일담이지만 깊은 실연의 늪에서 빠져나온 남자친구는 ○○을 이해하고 다른 여자를 만나 행복한 가정을 꾸민 후 다시 ○○을 만나보고 평생의 좋은 친구가 되었다. 그리고 그는 대한민국 공군소장까지 되었다.

○○은 남편이 제대하고 직장을 가지려 하는 것을 극력 만류해

대학에 진학시킨다. 영어를 제대로 배운 적도 없고 미국의 간호사 자격증도 없어 간호사가 아닌 보조간호원으로 밤낮으로 일하면서 딸 둘을 낳아 키우다 보니 술과 친구 좋아하는 남편과 같이 지내는 시간이 많지 않아서였을까 대학을 졸업하고 버지니아주 노포크시의 지방신문기자가 된 남편이 술친구 부인과 바람이 났다. 결국 남편과 이혼하고 ○○는 어린 딸 둘을 데리고 뉴욕으로 올라와 머리 싸매고 영어사전으로 단어 하나하나 뒤져가면서 의학서적을 외우다시피 해서 R.N.Registered Nurse 정식 간호사시험에 합격했다. 이혼하면서 전 남편으로부터 받기로 된 양육비도 한두 달 받다 말았다. 그러면서 큰 딸은 정신과 전문의 그리고 작은 딸은 교사로 아주 훌륭하게 키웠다. 애들한테는 어려서부터 아빠에 대해서 좋은 점만 얘기해주고 하나밖에 없는 아빠와 가까이 지내도록 학교방학 때마다 아빠의 새 부인한테 줄 선물까지 들려 보내곤 했다. 뿐만 아니라 전 남편 시댁 식구들 경조사까지 꼭 챙기면서 친하게 지내오고 있다. 또 한편으론 한국에 있는 친정식구들을 다 미국으로 초청해 오빠와 남동생은 세탁소를 경영케 하고 막내여동생은 공부시켜 시집보내고 바로 밑에 동생은 정신장애자들 보호시설에서 잘 지내고 있다.

달콤한 인생
인생예술가

하나의 다른 언어는 하나의 다른 시각이요 비전이다. 20년 전(1993년) 향년 73세로 타계한 이탈리아의 세계적인 영화감독 페데리코 펠리니의 말이다. '길La Strada, 카비리아의 밤The Nights of Cabiria, 달콤한 인생La Dolce Vita, 영혼의 줄리에타Juliet of the Spirits, 8과 2분의 1' 등 세계 영화사에 길이 남을 20여 편의 명작을 남긴 그는 다섯 차례나 오스카상을 탔고 칸영화제 대상, 골든 글로브상 등을 수상했다. 세상과 현실을 반영해 단지 이를 복사하는 영화감독들과는 달리 그는 자신 고유의 세계를 만들어 낸 요술쟁이였다. 그는 특히 남자와 여자와의 관계, 성性과 사랑과의 관계를 깊이 다뤘고 섹스를 예찬했다. 그에게는 신神이 여신女神이었으며 여자가 곧 세상의 모든 것이었다. 남자들을 자극하고 흥분시켜 매혹하는 모든 것의 전부를 말이다. 달콤한 인생에 나오는 마르첼로에게 있어 여자는 어머니, 누이, 딸, 연인, 천사, 고향집 등 모든 것을 뜻한다. 소년시절 가출해 곡마단을 따라 다녔던 그의 영화에선 삶이 하나의 서커스일 따름이다. 남녀노소 모든 어린이가 즐길 수 있는 것, 그 자신이 나이를 먹어도 늙지도 않고 정서적으로 만년 젊은 어린 아이였기 때문이었으리라. 아, 정말 그의 말대로 언어가 비전이라면 우리가 늘 쓰는 말부터 잘 골라 써야지. 인생 80년 산다 해도 우리 길 가는 동안 달콤한 인생 살려면, 달콤한 말만 해야 하리라. 이러쿵저러쿵 못살겠다, 어쩌고저쩌고 죽겠다느니, 제발 그러지 말고, 한껏 재미있게 살아보자. 이러면 이래서 탈이고, 저러면 저래서 탈이며, 이래저래 말썽꾼 되지 말고 소꿉놀이하는 어린이 되자. 슬픈 노래 부르는 가수, 슬프게 살다 일찍 죽고, 웃고 웃기며 사는 광대, 즐겁게 오래 살지 않나. 저 명심보감의 경구처럼 남의 그릇됨 듣지 말고 남의 잘못 보지 말고 좋은 것만 듣고 보자. 흉보고 욕하며 저주하는 심술꾸러기의 양로원보다 천방지축 웃으며 뛰노는 장난꾸러기의 유치원이 되자. 인생 80여 년 살고 지고 '달콤한 인생' 삶이란 우리들의 어린 유년시절 그 '8과 2분의 1'이 잖는가. 모두가 한없이 경이롭고 모두가 한없이 신비롭고 모두가 한없이 아름다운 다 동화 같은 세상으로 살자.

미국 작가 필립 로스가 그의 작품 '방송중ON THE AIR'에서 말하듯이 세상이 일종의 쇼라면 우리 모두 저 하늘 높이 계신 대연출가가 물색, 스카우트 해놓은 탤런트로 대 인생쇼에 출연하는 것이라면 인생의 목적이 오락이라고 생각해보자. 그러면 오늘날 우리 현실이 마치 영화 같지 않은가. 전쟁영화, 괴기영화, 연애영화, 탐정영화, 비극영화, 희극영화, 도색영화, 만화영화, 공상영화, 환상영화 등등.

Magic마술, 요술을 믿느냐는 질문에 해리 포터의 작가 J.K. Rowling은 믿지 않는다고 대답했다는데 삶 이외의 Magic을 믿지 않는다는 뜻이었으리라. 그래서 일찍이 영국의 시인 퍼시 비쉬 쉘리는 이렇게 말했나 보다. '어린 아이가 된다는 것이 무엇인지 아는가? 오늘 이 시대의 사람과 아주 다른 사람이 되는 것, 호박을 마차로, 쥐를 말로, 천한 것을 귀한 것으로, 아무 것도 아닌 것을 모든 것으로 바꾸어 놓는 것이다. 어린아이마다 제 영혼 속에 요술부리는 요정이 있는 까닭이다.'

시인은 철들면 끝이야란 말이 있다. 보고 싶은 것만 보인다 했던가. 시인 홍송무는 노래 '반딧불 냇물이 흐르네'에서 이렇게 노래했다.

반딧불이 빗물처럼 흘러내리네.
산천은 고요히 잠이 들고
만월은 하늘에 떠서 가는데
아아, 아아, 하늘에는 별무리
땅에는 반딧불이 냇물처럼 흘러내리네.

서양의학의 아버지로 불리는 그리스의 의학자 히포크라테스의 말 그대로 정녕코 인생은 짧고 예술은 길다면 그 하나의 스승으로 미국의 시인 시드(시드니의 약칭) 코만은 네덜란드의 화가 렘브란트의 일련의 자화상에서 인생의 덧없음과 예술의 지속성을 발견한다. 처음부터 그는 그의 모든 작품의 표준이 될 시능을 발견했다. 등급매기기의 표준이 아니라 사람이 살아 있는 동안 해마다, 달마다, 날마다, 자기가 살아있다는 느낌을 실감케 해주는 표준, 이미 살아왔고 지금 현재도 살고 있는, 삶이 주로 얼굴과 손에 스며든 삶의 표정을 나타내기 위한 표준 말이다. 우리를 감동시키고, 우리가 세상 떠난 다음에도 살아있는 사람들을 언제나 감동시킬 것은 그가 우리에게 보여주는 불가사의하도록 기묘하고 엄정한 정확성이다. 우리 모두 하나같이 죽음을 면할 수 없는 유한

한 목숨이지만 우리 생명 어딘가 마음속 근저에 가슴의 지능Heart's Intelligence 속에 삶이 살아있음Being Alive이 영속적으로 지속된다는 깨우침의 빛을 우리에게 보여주는 그의 재능이다. 그의 냉혹한 외고집과 용기, 그 솔직성과 진실성이 그 손에 확연히 나타난다. 그리고 그의 작품 아니 그의 삶이 우리가 무엇을 아직 배워야 할 것인지를 똑똑하게 납득시켜 우리의 자각심을 일깨워준다.

세상에 삶을 사는 인생예술가The Artist of Life말고 다른 예술가가 없음을, 꿈꾸듯 삶을 살고 나눌, 삶의 예술 없이 인생 삶이 없다는 것을. 그럼 이런 예술이란 어떤 것일까? 어쩌면 몇 년 전에 나온 일본 철학자 나가이 히토시의 책 제목 그대로 '어린이의 마음으로 철학하기'가 아닐까. 그렇다면 어린이의 마음이란 어떤 것일까. 저자의 생각대로 어린이의 마음이란 존재에 대한 경이를 품는 마음이다. 다시 말해 우주 대자연의 삼라만상이 너무도 신비롭게 있다는 더할 수 없이 경이로운 사실에 감탄하며 신기로이 바라보는 마음이다. 이것이 반딧불을 보는 시인의 눈이 아닐까.

옛날 청소년 시절 사무엘 울만이란 사람이 쓴 '인생 80고개에서서From the Summit of Years Four Score'란 제목의 책에서 다음과 같은 글을 읽고 하도 좋아서 이것을 나의 좌우명으로도 삼았다.

열정을 갖고 살라 Live With Enthusiasm

젊음은 인생의
어느 한 시기가 아니고
정신상태 마음가짐이다.

의지의 발로이고
상상의 날개이며
삶의 원동력이다.

겁먹지 않음이고
주저함 없음이며
만난을 극복하는 용기
그리고 무사안일보다
모험을 좋아하는 탐험심이다.

나이를 먹어서가 아니고
이상을 버릴 때 사람은 늙는다.
나이는 피부의 주름살을 만들지만
삶의 열정과 의욕을 잃으면
마음과 혼이 주름지고 시든다.

걱정과 근심
망설임과 자신결핍
두려움과 절망
이런 것들이
하늘로 오르던 기상을 꺾고
불타는 정신을 꺼버린다.

나이가 여든이든
예순이든 열여섯이든
모든 사람 가슴속에는
자연의 신비와 조화에
경이로워 감탄하는 동심이 있다.

별을 보고 내일을 점치는 궁금증과
호기심에 찬 삶의 기쁨이 있다.

네가 갖는 신념과 자신감과
희망만큼 너는 젊다.
세상의 아름다움을 볼 수 있는 한
너는 젊었고 너는 살아 있다.

네 가슴이
비관과 냉소로 얼어붙는 날
네 삶은 끝난다.

삶의 노래

'글'이란 그리움이 준 말, 절절한 숨, 기氣가 절로 응축된 것, 그렇게 그리는 그림이나 글이란 인생이라는 화폭에 삶이란 붓으로 사랑의 피와 땀 그리고 눈물로 쓰는 것. 사랑, 죽음, 가슴, 눈물, 그리고 안녕이란 다섯 단어만 알면 오페라를 이해할 수 있다고 그 누군가가 일찍이 말했듯이 진정 노래란 목소리, 손짓, 발짓으로 부르는 것이라기보다 넋소리, 몸짓, 마음짓으로 가슴 뛰는 대로 부르는 것. 이것은 미치도록 사무치는 그리움으로 쓰는 글, 사랑의 숨찬 숨소리, 곧 삶의 노래이리라.

데뷔 45년 차 가수 조용필의 신곡에 대한 반응이 폭발적이라며 최근 (2013년 4월 25일자) 중앙일보 본지 오피니언 페이지 중앙시평 칼럼에 '조용필의 혁조정신과 나의 절창'에서 박명림 연세대 교수(베를린자유대 초빙교수)는 '음악은 내게 있어 일이 아니라 삶"이라는 조용필의 말을 인용하면서 다음과 같이 우리 모두의 삶을 대변했다.

'인생은 한 편의 노래다. 내 인생은 내가 작곡하고 내가 작사하는 나의 노래다. 내 삶의 작곡자는 나이고 작사자도 나일 수밖에 없다. 나의 전 존재를 건 나만의 노래, 나만의 절창을 부르자. 우린 그걸 위해 오지 않았는가? 누가 절창으로 알아주지 않더라도'

몇 년 전 가을 나는 다음과 같은 공개서한을 띄웠다.

뉴욕의 교외 후러싱 메도우 파크에서 있었던 한인 추석 민속 잔치에 참석했던 한 사람으로 그 날 교포위문공연단 사회자의 너무도 상식 이하로 저질스러운 사회진행을 듣고 보다 못해 그 자리에서 주최 측에 항의도 해보았으나 통하지 않아 이렇게 지상을 통해 여러분께 호소를 해봅니다. 우리가 우리 스스로를 이토록 낮추고 모욕할 수 있겠느냐고. 사회자가 단상으로 한 어린 아이를 불러내 이름을 묻고, 안젤라라 대답하는 어린애 보고 이름 참 더럽다느니 너, 내 말 안 들으면 죽여 버리겠다느니 정말 완전무결하게 미친놈 아니고는 절대로 못 할 소리로 시종일관 싼다, 사정한다 라며 교포를 위문한답시고 온 유명한 인기가수 조모씨(앞에 언급한 조용필씨가 아니었음을 밝힘)까지 맞장구를 쳐 교포 가운데 한 미국인을 불러내어 한국말 한 마디 가르쳐준다고 좋은 우리 말 다 놔두고 제일 못된 쌍소리로도 부족했는지 제 부모 조상까지 더할 수 없이 욕되게 제 성까지 들먹여 제 형도 아우도 좆씨라며 만일 여동생이 있어 이름을 지나라고 했다면 조지나가 됐을 것이라는 등 들어줄 수 없는 망언의 연속이었습니다. 외롭고 고달픈 이민생활에서 모처럼 하루 소풍삼아 향수를 달래러 가족 있는 분들은 가족 동반하고, 없는 분들은 없는 대로 그립고 보고 싶은 가족 대신 동포 한인가족을 찾아 모인 교포들의 잔칫상에 그야말로 똥물 퍼붓듯 하는 것이었습니다.

이것이 다 그 자리에 나온 교포 수준이 그 정도의 저질이라 판단하고 파악해서 그 수준에 맞는 사회를 본 것인지 아니면 실제로 우리 교포 수준이 그 정도 밖에 안 되어 그런 사회자가 용납된 것이었는지 알 수 없습니다. 어느 나라고 그 나라 국민 수준만큼의 정부와 지도자를 갖는다는 말이 실감나듯 청중 수준에 걸맞는 연예인이 나올 법한 일입니다. 그렇다면 저질 연예인을 탓하기 전에 그런 연예인이 무대에 올라 입으로 대소변은 물론 개처럼 뭣까지 해대는 꼴을 듣고 보고 즐기는 우리 자신의 이목을 탓하고 시청자의 지성을 모욕하는 똠방각하를 받들어 모시는 우리 자신의 안목을 한탄하는 수밖에 없을는지 모르겠습니다. 그렇지만 고상하게 점잖을 부리고 얌전을 빼지 않겠다고 밥상에 요강까지 올려놓을 필요가 있는지, 위선을 떨지 않겠다고 적나라하게 옷 다 벗고 알몸으로 거리를 활보할 필요가 있는지, 우는 대신 웃겠다고 누가 우리 생식기나 배설기에 억지로 간질밥을 먹여도 우리가 할레레 할레루야 손뼉 치며 웃고만 있어야 할지, 우리 생각 좀 해 봐야 하지 않겠습니까? 우리가 우리 자신을 스스로 존중하지 못할 때 우리는 우리의 이웃도 진정으로 존중할 수 없으며 우리의 이웃 또한 우리를 존중하지 않게 될 것입니다.

사람도 동물이긴 하지만 우리에게 하반신만 있지 않고 상반신이 있는 것은 우리가 돼지처럼 먹고 싸지만 말고 얼굴 들어 하늘 우러러 숨 쉬고 노래하며 살라는 뜻 아니겠습니까? 코가 숨쉬기 위해 있다면 입은 한없이 슬프도록 아름다운 삶과 사랑을 노래하라고 있지 그 입으로 쌍소리나 배설하라고, 누구를 욕하고 저주하라고 있는 것 아니지 않겠습니까? 결코 방귀는 입으로 뀌는 게 아닌데 말입니다. 축복의 노래는 천국을 만들고 저주의 쌍소리는 지옥을 만들 텐데 제발 우리 서로 생사람 보고 죄인이다 어쩌고 지옥불에 떨어진다 저쩌고 하지 말고 그 누구를 믿고 구원을 받아 내세에 가서 잘 살 생각하기 전에 오늘 당장 내 힘껏 열심히 노력해서 현세에서 우선 행복하자고 말입니다. 그러니 우리 얼씨구절씨구 춤을 추어 보십시다. 사람의 탈을 쓴 것이 하느님이고 부처님이 아니겠습니까? 가장 보잘것없는 자에게 행한 것이 곧 나에게 행한 것이라고 예수는 말했고 부처도 일체 중생이 불성佛性을 가지고 있다고 설파하지 않았던가요.

아멘
나무아미타불

서양육갑
살과 털

언젠가 나의 도道닦는 형님(여러 해전에 돌아가셨지만)이 서울에 있는 조계사에 들러 청담 스님과 더불어 여러 가지 토론을 하셨다. 한 참 열띤 토론 끝에 더 이상 말로 이야기가 될 수 없자 형님이 한 스님보고 수고스럽지만 뒷간에 가서 똥물 한 바가지만 퍼 갖다 달라 하시고는 바가지에 담긴 똥물을 천천히 쭉 다 들이키셨다. 모르긴 해도 그 자리에 있던 스님들은 하나같이 옛날에 원효대사께서 해골바가지에 고인 빗물을 마시고 크게 깨달음을 얻으셨다는 일화를 생각하게 되었으리라.

윌리엄 셰익스피어가 '선도 악도 없다. 사람의 생각이 선도 악도 만든다.'고 했다는 것처럼 형님도 세상에 깨끗한 것도 더러운 것도 없다는 것을 말 대신 행동으로 역설하신 모양이다. 그러고 보면 세상에 정말 절대적인 선도 악도 없는데 사람이 제 멋대로, 편리한 대로, 형편 따라 선이니, 악이니 하며 아전인수식으로 억지 부리고 우겨대 온 것 같다. 특히 서양의 기독교에서 악마니 천사니, 흑이니 백이니, 선민이니 이방인이니, 기독교 신자가 아니면 죄다 구원받지 못하고 영원히 저주받을 이교도로 낙인찍는가 하면 하나님이 인간을 위한 제물로 다른 동물과 자연을 창조하셨다느니 정말 말도 안 되는 천하의 얌체 같은 소리를 벌써 몇 천 년째 해오고 있지 않은가?

기독교인들이 식탁에 앉아 일용할 양식을 주셨다고 하나님이나 주님께 감사 기도할 때 식탁에 오른 제물들 입장에서 보면 이 얼마나 가증스러울까. 이는 마치 해적이나 강도, 강간범들이 실컷 노략질, 강도질, 계집질 해 놓고 저희들 운수 좋았다고 저희들이 섬기는 귀신한테 고사지내는 것과 같지 않을까. 어디 그 뿐이랴? 서양 사람들이 예수의 상징이란 양고기를 즐겨 먹으면서 동양 사람들이 개고기 먹는다고 야만인이니 동물학대니 떠들어대는 것이나, 저희들이 믿는 것은 종교요 신앙이고, 다른 사람들이 믿는 것은 사교邪敎나 미신迷信이라 하는 것은 어불성설이다.

프랑스의 작가 빅토르 위고가 쓴 '레미제라블'의 주인공 장발장 같이 배고파 빵 한 쪽 훔쳐 먹어도 벌 받는 세상에 전 세계 땅덩어리를 거의 다 훔치고 약탈하며 천하의 못된 짓은 다 해온 자들이 대속對贖한다는 예수의 피로 속죄 받아 지옥에 안 가고 천당 가겠다는 발상부터가 너무 너무 뻔뻔하고 가소로운 서양사람 기독교인들의 '육갑' 아닌가?

그보다는 우리 동양의 음양오행설의 이치가 훨씬 더 자연스럽고 무리가 없는 것 같다. 어두운 밤은 밤이고, 밝은 낮은 낮이지 어떻게 어둠은 악이고 빛은 선이라 할 수 있으며, 산은 좋고 계곡은 나쁘다 할 수 있나? 그래서 하늘 천天자, 천국이니 땅 지地자 지옥이란 말이 생겼는지 몰라도 남자는 선이고 여자는 악이란 말인가? 세상에 어둠이 없으면 빛도 있을 수 없고 여자가 없으면 남자도 있을 수 없지 않은가?

두 가지가 서로 보완하고 서로에게 절대불가결인 동전의 양면격인데 어쩌자고 이쪽 아니면 저쪽, 나 아니면 남, 백이 아니면 흑이라 하는가? 이런 유치무쌍한 억지놀음인 '서양육갑'에 '골빈당'처럼 맞장구치지 말고 우리 동양고유의 '육갑' 떠는 것이 천만 배 낫지 않을까? 그리고 고양이가 쥐 사랑하듯 이웃 사랑하는 대신 이웃을 존중해 줄 수 있으면 얼마나 좋을까? 기독교에서는 하나님의 형상대로 사람이 창조되었다 하지만 내 생각에는 인간 특히 서양의 백인 그 중에도 유태인들이 저희들 형상대로 저희들 하나님 여호와를 만든 것이 분명하다. 저들, 서양의 단군신화를…….

어디 또 그뿐이랴. 우리 가운데 가장 천대받는 사람으로 창녀가 있다. 하지만 그런 창녀조차도 예수의 벗이 아니었나? 신약성서 누가복음에 나오는 막달라 마리아 말이다. 동서고금을 통해 이루어진 필설로 다 형언할 수 없는 잔악무도하고 천인공노할 남성들의 만행이 정복이니 승리니 하는 영광된 훈장으로 장식돼 왔다. 창녀는 몸을 판다기 보다 서비스를 제공한다. 창녀의 서비스는 다른 많은 직업적인 서비스보다 솔직하다. 눈 가리고 야옹 하지 않는다. 그리고 자선적이고 자비롭기까지 하다. 예를 들어 직업적인 날강도, 날도둑, 날사기꾼이라 할 수 있는 일부 정치인, 실업인, 종교인이 부리는 농간에 비하면…….

파는 것으로 말할 것 같으면 창녀나 장사꾼만이 아니다. 우리 모두가 좋든 싫든 뭔가를 팔아먹고 산다. 육체노동이든 정신노동이든 감정노동이든 노동을 파는 것이 노동자라면 예술을 파는 것이 예술인이고, 법률지식이나 의료기술을 파는 것이 변호사나 의사라면 하느님이나 귀신 또는 성인, 성자, 예수, 석가모니 등의 이름을 파는 기도 장사꾼이 종교인이라고 할 수 있지 않을까? 어디 이름뿐이랴. 기독교와 천주교에서는 성찬식으로 예수의 살과 피를 상징한다는 빵과 포도주를 나누지 않는가? 그렇다면 예수야 말로 인류의 대속代贖을 위해서 이건 아니면 그의 과대망상증에서였건 또는 예수자신의 꿈보다는 기독교인들의 이기적인 해몽 까닭이든 간에 어떻든 제 몸을 그 누구보다 더 많은 사람들에게 더 오래도록 팔아 온 남창중의 남창이라고 할 수도 있지 않을까?

생각해보면 단군할아버지와 곰할머니의 후손이든 아니면 아담과 이브의 자손이든 또는 닭의 알에서 태어났다는 신라태조 박혁거세의 후예이든 숫처녀 동정녀 마리아에게서 태어났다는 예수의 제자들이든 그 어떻든 간에 우리 모두 따져보면 다 일종의 창녀나 남창들이 아닐까? 다만 보통 사람들은 그 속살과 피(붉은 피든 흰 피든 간에)만 즐기는데 성인聖人이나 도사道師들은 그 껍데기 털까지 좋아하나 보다. 예수는 눈물로 그 발을 적시고 자기 머리털로 씻고 그 발에 입마추고 향유를 부은 막달라 마리아의 죄를 사하여 주었다 했고, 한 때 우리 사회에 물의를 일으켰던 사교邪敎 용화교 교주는 수많은 여신도들을 농락 겁탈하고 그들로부터 뽑은 음모陰毛로 만든 음모방석을 즐겨 깔고 앉았었다 하지 않는가?

근친상간과 자위행위

사람들이 하는 욕 가운데 왜 하필이면 '제 에미 x할'이란 욕이 있을까. 나는 아주 어렸을 때부터 몹시 의아해하고 궁금했다. 희랍 신화에 보면 모르고 아버지를 죽이고 어머니를 아내로 한 그리스의 왕 에디푸스와, 부정한 어머니와 정부를 동생 오레스테스의 도움으로 죽인 아가멤논과 클리템네스트라의 일렉트라에서 비롯된 '에디푸스 콤플렉스'(아들이 아버지를 배척하고 어머니를 사모하는 경향)와 '일렉트라 콤플렉스'(딸이 어머니를 배척하고 아버지를 그리는 경향)는 말할 것도 없고, 문학의 첫 테마와 소재가 근친상간이라고 하지 않는가.

옛날 얘기는 그렇다 치고 최근세에 와서도 20세기 초까지 유럽 각 지방에서는 처녀가 시집갈 때 첫날밤을 집안 또는 동네 어르신 아니면 성직자聖職者 겸 성직자性職者가 같이 지내면서 '개통식'을 해줬다고 하지 않는가. 여기에도 그럴 만한 이유가 있었을 것이다. 기독교에서 원죄니 뭐니 하면서 성性을 죄악시 해왔고 스스로의 몸이 더럽다고 어려서부터 세뇌되어온 순진한 아가씨들이 결혼을 하면서(결혼結魂이라기보다 결육結肉부터 하면서) 그 얼마나 두려움과 불안감에 떨었을까? 그러니 생소하고 잘 모르는 신랑보다는 어려서부터 믿고 존경해온 어르신을 통해 이 첫 경험을 순조로이 안심하고 해보는 것이 바람직했을는지 모를 일이다.

저 남아프리카공화국에서 최근까지도 공공연하게 실시되어온 인종격리 차별정책인 '아파트 헤이트apartheid'의 연유가 물론 백인우월주의에서 였겠지만 또 한 가지 사유는 유럽의 백인들이 남아프리카에 정착하면서 가족 단위로 부락을 이루고 살다보니 근친상간을 다반사로 하게 되었고, 그래서 태어난 자식들이 정신박약아 저능아가 많다보니 이들에게 우선적으로 직장을 보장해주기 위해 인종격리 인종차별정책을 쓰지 않을 수 없었다고 한다. 하기는 한 가족은 아니더라도 같은 동족끼리 하는 결혼 또한 일종의 근친상간이라면 다른 인종끼리 국제결혼 혼혈해야 하지 않을까? 그리고 인류가 인종의 구별 없이 다 같은 한 '인간가족'이라면 그런 한 가족끼리 근친상간 안 하려면 사람과 동물이 결혼해야 될 것이다. 몇 년 전 지금은 미국의 대법원판사가 된 크래런스 토마스와 그의 옛날 부하 직원이었던 아니타 힐 사이에 있었다는 성희롱사건에서 공개된 바와 같이 사람과 동물 사이에 법적인 결혼까지는 아직까지 불가능하다 하더라도 영적이 아니고 육적肉的인 성행위 성교의 성관계를 하는 음란 포르노를 남자가 여자보고 같이 보자고 강요했다지 않나.

사람도 동물이기 때문에 그래도 근친상간이 될 수밖에 없다면 사람과 식물이 관계하는 수밖에 없겠구나. 아, 그래서 제 짝을 못 찾고 외롭게 혼자 사는 사람들 가운데는 식물을 애용하는 사람도 있다더라. 예를 들자면 가지나 오이 또는 바나나 등 등 말이다. 여기서 재미삼아 바나나 얘기 좀 해보자. 몇 년 전 나는 흥미진진한 기사를 하나 읽었다. 세계 바나나 시장의 약 30%를 차지하는 것으로 알려진 '치키타 브랜즈'사가 기존 바나나보다 작은 7인치 길이 바나나 시험판매를 시작했다는 것이었다. 바나나는 바깥 길이로 9인치짜리가 미국에서 보통 팔리는 것이며 이보다 작은 것은 소비자나 소매상이 다 같이 구매를 꺼린다고 인식돼 왔는데, 치키타사는 조사를 통해 이 같은 통설이 잘못이었음을 밝혀내고 일단 시험 판매에 들어간 것이다. 치키타사가 확인한 사실은 소비자의의 60% 이상이 7인치짜리를 마다하지 않으며 9인치짜리는 도시락 통에 넣기에 너무 길며 또한 9인치짜리는 어린이들이나 다이어트를 하는 사람들이 먹기에 너무 양이 많다는 것이다.

몇 년 전부터 흑인들이 자신의 열등감을 극복하고 그들 자신의 자존심을 고양시키기 위해 '검은 빛깔이 아름답다Black is beautiful'는 표어를 흑인사회에 유행시켰다. 마찬가지로 몸뚱이와 키가 백인이나 흑인보다 적은 동양인들도 스스로 왜소하다는 일종의 자격지심일랑은 이제 삼켜버리고 '작은 것이 더 좋다.Small is better'는 자긍심을 가질 때가 오지 않았을까. 예부터 작은 고추가 맵다느니 고추보다 후추가 더 맵다고 하지 않았던가. 몇 년 전에 발표된 미국 인디애나 대학 부설 킨제이 연구소의 새 성性보고서에 의하면 미국남성들의 발기된 성기 길이가 평균 5내지 7인치이지만 대부분의 미국여성들은 특별히 크고 긴 남성들의 성기를 선호하지도 않을 뿐만 아니라 너무 커서 걱정하고 불평하는 여자들이 많다고 한다. 자기의 성기가 남보다 (자기의 것은 내려다보기 때문에 작게 보인다지만) 작다는 콤플렉스를 갖고 고민하는 남자들이 많은 만큼 젖가슴 유방이 작다고 신경 쓰는 여자들 또한 많지만 염려하지 말란다. 요즘 남자들은 대부분 상관하지 않을 뿐더러 작은 것을 더 좋아한다고 한다.

어디 그뿐이랴. 산후 유부녀들은 남편들을 위해 해산 때 벌어진 질문을 수축시키는 봉합수술인 예쁜이수술도 받지 않던가. 어떻든 크고 작고, 길고 짧고, 굵고 가늘건 간에 어떠한 모양의 물건이든 웬만한 것이면 보자기로 다 잘 쌀 수 있지 않은가. 사실인지 누가 지어낸 말인지 몰라도 젊은 날 이런 얘기를 들었다. 섬나라 제주도에 여행 갔던 한 육지 청년이 제주도 해녀 아가씨 보고 보자기 좀 빌리자고 했다가 뺨을 맞았다고 한다. 처음에는 처음 만난 아가씨한테서 뺨따귀를 맞게 된 영문을 모르다가 나중에 알고 보니 제주도 사투리로는 보자기가 여자의 성기를 뜻하더란다.

바나나 얘기로 돌아가서 내가 어렸을 때 우리 어린이들은 세상에서 제일 맛있는 게 바나나인 줄 알고 맛있는 건 바나나, 바나나는 길어, 긴 것은 기차, 기차는 빨러, 빠르면 비행기, 비행기는 높아, 높으면 백두산, 백두산 뻗어내려 반도 삼천리……. 이런 노래를 불렀었다. 세상에 신기하지 않은 게 없지만 바나나야말로 그 더욱 신기하지 않은가. 첫째로 맛있고 소화 잘되며 영양분도 많아 남녀노소 다 즐겨 먹을 수 있지 않나. 게다가 제 짝을 못 찾았거나 부득불 어쩔 수 없이 일시적으로나마 배우자와 떨어져 사는 독신자들에게 꽤 편리한 용기用器가 될 수 있지. 그것도 남녀 공용으로 말이다. 여자에게는 그 속 알맹인가, 남자에게는 그 겉껍데기 안쪽으로 그 속껍질이 제법 쓸모 있을 테니까. 돈 별로 안 들고 병 걸릴 걱정 없으며 저절로 피임까지 되는 것은 물론 아무런 정신 심리적 부작용 후유증도 없지.

이처럼 이 분야에 내가 일가견을 갖게 되기까지에는 정말 웃어야 할지 울어야 할지 모를, 남모르는 고민과 자책으로 자학의 길을 걸어온 한 사람의 비화秘話가 있다. 대여섯 살 때 그의 엄마가 그에게 집 보라고 그를 혼자 두고 외출하시면 엄마가 시키지 않았는데도 그는 집안 청소를 깨끗이 다 해놓고 엄마가 어서 돌아와 칭찬해주실 때만 기다렸다. 하루는 아무리 기다려도 엄마가 안 돌아오시기에 심심해서 그는 책장에 꽂혀있는 책 중에서 이것저것 뽑아 그림 구경을 하는데 어느 한 책갈피에서 일본 춘화春畵사진이 여러 장 쏟아져 나왔다. 지금 와서 생각해 보면 그보다 열다섯 살 위의 큰 형님이 감춰둔 사진들이었으리라. 가슴이 콩콩하도록 잔뜩 호기심에 차 사진을 뚫어져라 들여다보노라니 그의 어린 고추가 발딱 서지를 않는가. 고것을 만지작거리면서 장난을 치다보니 미치게 기분이 막 좋아지다가 손끝에 기운이 쏙 빠졌다. 이렇게 우연히 자위행위를 일찍 자습자득한 그는 때와 장소를 가리지 않고 수없이 이 짓을 하면서 번번이 죽고 싶도록 말할 수 없는 죄책감에 사로 잡혔다.

그가 다섯 살 때 돌아가신 아빠도 키가 크셨고 형들도 큰데 그만 작은 것이 한창 자랄 나이에 기운을 '가운데 다리'로 다 빼버려 그럴 것이라고 그는 생각하고 스스로를 탓할 뿐이었다. 그런 것도 모르고 엄마는 그가 늘 몸이 약한 것이 그가 공부를 너무 열심히 잘해서 그런가보다고 6남매 중 그를 노골적으로 편애하셨다. 다른 형제들은 보리죽도 잘 못 먹을 때 그 혼자만 쌀밥에 계란과 고기를 싫도록 먹을 수 있었다. 우리말에 계란이냐 달걀이냐 하는 말이 있듯이 신神이든 부모이든 정말 신다운 부모다운 신이나 부모라면 자식 중에 그 누구를 편애하지 않으리라. 편애하면 편애받는 자식은 물론 자식들 모두에게 다 나쁠 테니까. 선민選民이 있어서도 안 되고 또 있을 수도 없다는 말이다.

남달리 성욕뿐만 아니라 식욕도 많아서였는지 늘 과식을 하다보니 소화불량이 심해 (세상은 정말 공평한가 보다. 너무 먹으면 양분을 다 섭취 못하고 설사해버리지만 적게 먹으면 먹는 것 전부다 잘 소화 흡수하지) 초등학교도 5학년까지만 다니고, 시골 가서 약물 먹고 쉬라고 해서 그는 일 년 휴학까지 했다. 그가 시골에 가 있는 동안에도 자위행위는 계속했다. 매번 죽도록 후회하고 자책하며 다시는 안 하리라 결심했지만 이건 마치 그가 더 이상 숨을 쉬지 않겠다는 것만큼이나 부자연스런 억지였었다. 책도 못 가지고 가 일 년을 판판이 놀다가 남들은 중학교 갈 때가 되었는데 저만 빠지는구나 생각하니 좀이 쑤셔 그는 백리 길을 걸어 서울로 돌아와 5학년 때 담임선생님께 가장 좋은 학교인 경기중학교 입학원서 써달라고 했다. 6학년 수업을 다 빼먹고 어떻게 시험을 치겠느냐는 선생님 말씀에도 막무가내로 떼를 써 결국 그는 경복중학교에 입학원서 내고, 응시해 합격했다.

비록 그가 가겠다던 경기중학교엔 못가고 경복중학교에 들어갔지만 어머니의 그를 편해하시는 극성은 날로 더해갔다. 형제들 가운데 제일 공부 잘하고 똑똑해 장래성 있다며. 그럴수록 형제들 눈총맞기 싫고 아버지 없이 홀몸으로 6남매 키우시는 어머니의 짐을 좀 덜어드리겠다는 생각으로 집을 뛰쳐나가 고학을 해보리라는 마음을 먹어오던 중, 중학교 일학년 때 어느 날 밤 일어난 한 사건으로 그는 정말 가출하고 말았다. 그보다 두 살 위인 작은 누이하고는 어려서부터 많이 싸우면서도 썩 잘생긴 누나를 제 애인이라고 뽐냈었는데 어느 날 밤 방에서 같이 자다 그가 누나를 겉으로 살짝 범할 뻔 한 것이다. 그렇지 않아도 자위행위 때문에 늘 죽고 싶도록 극심한 자책감과 죄책감에 사로잡혀 왔는데 설상가상으로 더 엄청난 죄를 지을 뻔 하였으니 이제는 정말 한강물에라도 빠져 죽어버려야겠다고 그는 집을 뛰쳐나갔다.

정신없이 거리를 헤매다 신문팔이가 돼 다른 신문팔이 거리의 소년들과 신문사 지하실에서 합숙을 하면서 그토록 그가 자책감을 느껴온 자위행위와 누나를 건드릴 뻔 한 것까지 남들도 하는 짓일 뿐 결코 죽을죄가 아니란 것을 깨닫고 그는 죄책감에서 그 자신을 스스로 해방시키기 위해 온갖 생각과 자료를 다 동원, 제 몸뿐만 아니라 마음과 정신까지 자위하게 되었다. 마치 기독교에서 말하는 원죄처럼 어려서부터 그를 괴롭혀 온 (아니 괴롭혔다기보다 즐겁게 해준) 이 자위행위는 남자들뿐만 아니라 여자들도 즐기는가 보다. 앞에서 언급한 킨제이 연구소의 새 성보고서에 따르면 미국 여성의 60-80%가 어려서 또는 커서 자위행위를 해본 경험이 있다고 한다. 그렇다면 자학보다는 자위행위가 그 얼마나 더 바람직하고 자연스러운가.

눈물과 웃음
미녀와 추녀

우리 잠시 영어로 '악어의 눈물crocodile tears' 그리고 '웃는 하이에나laughing hyena'라는 말의 뜻을 좀 생각해보자. 땅거미 질 때 이집트 나일강가에 승냥이 비슷한 들개 하이에나와 악어가 만나 서로 인사人事 아닌 수사獸事말을 나누었다.

"요즘 어떻습니까, 악어 씨?"

하이에나가 묻자 악어가 대답했다.

"좋지 아니하오이다. 때때로 고통과 슬픔에 복받쳐 내가 울기라도 하면 남들이 저건 악어가 거짓으로 흘리는 위선의 눈물일 뿐이라고 하니 내 기분이 여간 상하지 않는 게 아니라오."

그러자 하이에나가 말했다.

"그대는 그대의 고통과 슬픔을 말하지만 잠시 내 말도 좀 들어보오. 세상의 아름다움을 바라보며 그 경이로운 기적에 감탄, 기쁨에 넘쳐 온 자연과 함께 내가 소리 내어 큰 소리로 웃기라도 하면 사람들은 저건 실컷 배부르게 먹이 많이 잡아먹고 좋아서 웃는 하이에나의 잔악한 웃음소리일 뿐이라고 한다오."

이것은 칼릴 지브란의 '방랑자The Wanderer'에 나오는 우화 중의 하나인 '눈물과 웃음' 이야기다. 젊은 날 서울에서 잠시 신문기자 생활할 때 내가 직접 취재 보도한 사건이 있었다. 당시 영자신문 코리아 타임즈 1966년 4월 27일자에 실린 짤막한 영문기사를 우리말로 옮겨보면 다음과 같다.

'악어의 눈물'이 술 취한 한 젊은이를 철창 속에 집어넣었다. 지난 일요일 인천시 숭의동 255번지에 사는 27세의 안종일 씨가 서울 창경원 동물원에 놀러 갔다가 술에 취해 장난으로 동물원에 있는 악어에게 벽돌을 한 장 집어던지려 하자 이 필리핀 태생으로 신장 6피트, 나이 70세의 악어 포로수스 씨는 그 전설적인 '악어의 눈물'을 흘렸다. 그러자 안씨는 경찰에 연행되었다가 서울 즉결 심판에 회부되었고 즉심의 최만항 판사는 형법 366조 '정부재산 손괴죄'를 적용, 벌금형을 내렸다. 그러나 안씨는 벌금 1,000원을 물 돈이 없어 벌금 대신 닷새 동안 유치장에 갇혀 있을 수밖에 없었다. 안씨가 집어던진 벽돌을 맞아 악어의 머리가 다쳤다고 경찰조서에 쓰여 있었으나 창경원 동물원 당국자 말로는 안씨가 벽돌을 집어던지려는 순간 경비원의 제지로 실제로 악어를 해치지는 않았다고 한다. 한편 안씨는 술에 취해 있었기 때문에 자기가 한 행동에 대해 아무런 기억조차 없다고 한다. 문제의 포로수스 씨는 1958년 4월 14일 필리핀의 한 실업가가 기증한 것으로 최근 년도까지 창경원 동물원에 있는 유일한 악어이다.

동물원 가족 총 646식구는 51종의 포유동물 134 마리와 63종의 조류鳥類 508 마리 그리고 3종의 열대산 비단뱀 4 마리로 구성되어 있다. 이 가운데서 대표적인 미식가인 포로수스 씨는 토끼와 닭고기를 상식常食하는데 그가 한국에 온 후 지난 8년 동안 먹어 온 늘 같은 메뉴에 식상한 나머지 오래 비장해온 그의 비법을 발동, 그의 실력을 유감없이 발휘, '악어의 눈물'을 흘려 메뉴를 바꿔 보려 했음에 틀림없다.

이상과 같은 기사를 쓰기 위한 취재과정에서 안씨의 무죄가 밝혀져 당시 동대문 경찰서장의 사과를 받고 즉심의 오심판결이 무효 되어 안씨는 즉시 석방돼 귀가했다. 극히 상식적인 얘기지만 한 사람의 웃음은 때론 다른 사람의 눈물이고, 또 한 사람의 눈물은 또 다른 사람의 웃음이다. 비근한 예로 우산 장사와 양산 장사가 그렇고, 의사와 환자, 유가족과 장의사의 경우가 그렇지 않은가.

부처님 앞에 공양드리거나 어떤 귀신한테 굿이라도 해서 대학입시, 취직시험, 사법고시 등 어떤 시험에 운 좋게 합격한 자식 부모의 웃음꽃은 낙방거자落榜擧子 부모의 울상 아닌가. 부처님이나 예수님 또는 어떤 귀신이 사람에게 길흉화복을 정말 주는지, 또 참으로 신이 정말 존재하는지 그 누구도 절대적으로 확실히 알 수 없겠지만 설령 신이 실제로 존재한다 해도 신이 신다운 신이라면 약육강식의 자연계와 인간사회에서 무조건 강자의 편을 들거나 어떤 특정 개개인의 이기적인 기도나 기구를 편파적으로 들어주는 그런 신은 결코 아닐 것이다. 그렇다고 할 것 같으면 즐겁고 기쁜 일이 있을 때 이것이 다 내가 잘나고 예뻐서 하느님이 내게만 내리시는 축복이라고 생각하기보다는 차라리 나만큼 축복받지 못한 사람들에게 느끼는 미안지심未安之心에서 악어같이 거짓으로라도 눈물 좀 흘리는 편이 더 좀 양심良心적이고 또 양심養心적이 아닐까? 아니면 다른 사람의 불행에 같이 울고 가슴 아파하기 전에 당장 잠시 나타난 그야말로 뜬구름같이 덧없는 내 행복부터 먼저 만끽하면서 하이에나처럼 웃어보는 편이 더 좀 인간적이고 솔직하며 정직하지 않을까.

어느 날 미녀와 추녀가 어느 바닷가에서 만나 우리 같이 바다에 들어가 놀자 하고, 그들은 옷을 벗고 물속에 들어가 같이 한 동안 헤엄치며 놀았다. 그러다 추녀가 먼저 물 밖으로 나와 미녀가 벗어 논 옷을 입고 가버렸다. 그런 후에 바다에서 나온 미녀는 제 옷이 안 보이자 하는 수 없이 추녀가 벗어놓고 간 옷을 입고 가버렸다. 그 후로 이 날까지 많은 사람들이 미녀를 추녀로, 추녀를 미녀로 잘못 보게 되었다. 그러나 사람들 가운데는 미녀와 추녀를 아는 이들이 있어 어떤 옷을 입고 있든 미녀는 미녀로 추녀는 추녀로 바로 알아보더라.

이렇게 칼릴 지브란이 그의 '방랑자'에 나오는 우화 '옷Garments'에서 말하듯이 세상에는 악어탈을 쓴 심약한 토끼나 늑대탈을 쓴 천진난만한 병아리가 있을 수 있나 보다.

죄와 벌
그렇다고 치기

우리 잠깐 '죄와 벌'에 대한 생각 좀 해보자. 다른 죄는 그만 두고 간통이나 간음이란 것에 대해 생각해 보자. 법적으로 보아 배우자 있는 사람이 배우자 이외의 이성과 성교하는 일을 간통이라 하고, 부부 아닌 남녀가 성적 관계를 맺는 일을 간음이라 한다면 배우자와의 약속과 신의를 저버리는 배신자인 간통범을 벌하는 것은 몰라도 장성長成하고 장성壯盛한 선남선녀가 서로 좋아서 하는 일인 간음죄를 벌한다는 것은 말도 되지 않는다.

폭행, 협박 따위의 수단을 써서 범하는 강간죄라면 몰라도 부부 아닌 남녀가 합의하여 육체적으로 관계하는 화간和姦의 경우 벌이란 당치도 않다. 그리고 강간의 경우라도 상습적인 강간범을 벌하는 최적의 방법이 남자에게는 그의 불알을 까 거세하는 것이라면, 여자에게는 아프리카나 중동지방 아랍 세계에서 흔히 여자아이들의 동정을 그들이 시집갈 때까지 지켜주겠다고 어린 나이에 그들의 질膣을 오줌 누기 조차 힘들 정도로 협소하게 꿰맴질하고 그들의 외음부에 있는 작은 돌기, 음핵을 잘라버리는 가위

질 만행 대신, 폐쇄된 질문을 통풍 통기라도 잘 되게 시원하도록 열어 개방시켜 주고, 그들이 성의 쾌감을 제대로 느끼면서 성생활의 그 말로 할 수 없는 진미를 맛볼 수 있도록 일찍 상실해버린 그들의 클리토리스를 재생 소생 회생 원상회복시켜 주는 게 인간적이 아닐까.

이슬람 국가에서 도둑의 손목을 자르는 형벌은 그런대로 이해할 수 있다 해도 화간한 남녀를 총살 또는 참수斬首같은 극형에 처한다는 것은 내가 천만 번 죽었다 다시 태어난다 해도 이해는커녕 일해, 반해, 또 억만 분의 그 말초적 말초신경의 털끝만치도 납득할 수 없을 것 같다. 고금동서 그 어떤 국가와 민족, 그 어떤 문화와 종교를 막론하고, 어떤 사회에서라도 말이다. 하지만 중동의 여러 회교국에서 술을 금하는 데는 다 그럴 만한 이유가 있을 법 하다. '로빈슨 크루소'의 저자인 영국 작가 다니엘 디포의 다른 작품 '짹 대령'에 술의 마력을 잘 나타낸 이런 대목이 나온다.

악마가 한 젊은이 보고 그의 아버지를 살해하라고 꾀었다. 안 될 말, 그건 못할 짓이라고 말을 안 들었다. 그러면 어머니와 동침하라고 유혹했다. 그 더욱 안 될 말, 그것은 절대로 못할 짓이라고 완강히 거부했다. 그렇다면 집에 가서 술이나 퍼마시라고 했다. 아, 그야 할 수 있지 라고 대답하고 정말 진탕만탕 술을 마신 후 이 젊은이는 곤드레 만드레가 되어 술기운으로 그의 아버지를 살해하고 그의 어머니를 겁탈했다.

몇 년 전 이란의 컬만이란 곳에서 그들의 종교인 회교 율법에 따라 오누이면서 부부생활을 해 온 남매를 '근친상간죄'로 모든 사람이 보는 앞에서 교수형에 처했다는 기사가 있었다. 어렸을 때 화재로 부모를 잃은 파질과 누라 오누이는 그 후 서로를 의지하며 살아오다, 고향인 에스파한을 떠난 후부터는 완전히 부부로 살아왔다. 그러다 누이동생인 누라가 임신, 담당의사가 혈액검사를 해본 결과 사실이 밝혀지게 된 것이다. 따라서 이들 두 남매는 사람들이 던지는 썩은 야채와 과일 세례 속에 지옥으로 떨어지라는 야유와 저주를 받으며 시청 광장까지 끌려가서 교수형을 당한 후 2일간을 그대로 전시된 다음, 장례식의 절차 없이 빈민용 싸구려 공동묘지에 묻혔다. 이들의 처참한 광경을 지켜보던 한 여인은 '우리 알라 신의 율법을 어겼기 때문에 처형돼 마땅하다'며 입에 거품을 물더란다.

젊어서 '독일어로 als ob 영어로는 as if의 철학'이란 제목의 평론을 읽은 적이 있다. 수학상의 정의로 직선이란 두 점 사이에 가장 가까운 거리이고 점이란 전혀 면적이 없는 하나의 위치인 까닭에 이러한 직선이나 점은 정의상으로만 가능할 뿐, 실제로는 이런 직선을 긋거나 점을 찍을 수 없기 때문에 그 근사치 비슷한 것을 편의상 마치 정의대로의 직선과 점으로 간주한다는 것이다. 마찬가지로 진 선 미의 개념도 그렇듯이 우리 인간 사회에서 언제나 뭣이든 그렇다고 한다. 그 한 예로 사형 언도를 내리는 재판장이 사형수의 처지와 입장에서 그렇게 태어나 그렇게 자라 그렇게 살아왔었다면 그도 별 수 없었을 텐데도 마치 별 수 있었던 것 같이 단죄하고 처벌한다는 것이었다. 벌 받는 죄인을 보면서 옛날 영국의 한 법관이 '신의 은총이 아니었더라면 내가 바로 저 죄인이었을 텐데. But for the grace of God, there go I.'라고 했다지 않나.

현대 교육심리학자들의 공론이 어린 아이의 성격과 인격형성이 일곱 살, 심지어는 다섯 살이면 거의 끝난다고 한다. 우리나라에서는 예부터 세 살적 버릇이 여든 간다고 했다. 그렇다면 정말 모든 것이 다 치기 아닌가. 자, 그러면 손쉽게 소매치기 이야기부터 한 마디 해보자. 남의 주머니 터는 소매치기 눈에는 털 주머니 밖에 안 보이고, 턴 주머니 지갑 속에서도 노리는 돈 밖에 안 보이는가 보다. 내가 신문기자 생활할 때 취재 보도한 기사들 가운데 소매치기에 관한 것이 있다. 1966년 6월 26일자 영자신문 코리아 타임즈에 나간 기사에서 나는 독자들 보고 혹 앞으로 재수 없이 소매치기 당하거든 잃어버린 지갑 속에 들어있던 신분증 같은 중요한 서류를 찾기 위해 경찰서에 갈 것이 아니라 우체국에 가보라고 했다. 왜냐하면 소매치기도 그들 나름의 호의와 선의를 갖고 있어 그들이 필요한 돈만 뺀 후 나머지 것은 그대로 지갑 속에 놓아둔 채 우체통에 넣어주는 까닭이라고.

한 가지 특기사항으로 빈 털털이로 다니지 말 것을 독자들에게 권고했다. 돈 한 푼 안 들어있는 지갑은 허탕 친 분풀이로라도 아예 쓰레기통에 쳐 넣으면 넣었지 정중하게 우체통에 넣어주지 않는다고. 돈이 정말 한 푼도 없을 경우에는 돈 대신 사진이라도 한 장 갖고 다니라고 그 기사에 부기했다. 천진스럽고 귀여운 어린애나 순진하고 사랑스런 애인사진을 보면 누구라도 조금은 감동되는 것이 인지상정일 테니까.

요즘은 신용카드가 생겨 사정이 달라졌겠지만 그때만 해도 본인 이외의 딴 사람이 찾을 수 없는 수표 등은 주인에게 돌려줬다고 한다. 그 당시 경찰 추산으로는 전국에 3천여 명의 소매치기가 있는데 그 중 2천 명은 수도 서울에서 맹활약하며 서로 고도의 기술과 실력을 겨루고 있다 했다. 어떻든 소매치기는 도둑 중에서도 좀도둑, 그 중에서도 양심적인 도둑이라 해야 할 것 같다. 닥치는 대로 털도 안 뽑고 머리끝부터 발톱까지 꿀꺽 통째 삼켜버리는 큰 도둑에 비해, 집도 땅도 온 나라까지 삼키는 자들에 비하면 말이다. 그러니 다른 사람의 등치기, 가슴 아프게 멍치치기, 밥줄 끊어놓는 목치기, 인격을 모욕하는 뺨치기, 골 아프게 박치기, 비겁하게 뒤통수치기, 염치없는 새치기, 막되어먹은 막치기, 날강도 같은 날치기가 되느니 차라리 인생길 지나다 소매라도 스치는 인연의 소매치기 아니면 남을 응원하고 격려하는 손뼉치기가 되어보리.

짝찾기
짝찾사

요즘 나는 SBS의 '짝'이란 프로그램을 즐겨 본다. 20여 년 전 '사찾사'회 기사(중앙일보 1992년 6월 1일자)가 있었다. 이 '사찾사'는 사람을 찾는 사람들의 모임으로 헤어져 소식을 모르는 사람들의 가교 역할을 하고자 만들어졌다고 했다. 이 기사를 보면서 아직 찾지 못한 또는 되찾을 제 짝을 찾아줄 '짝찾사'회가 생겼으면 좋겠다고 생각했다.

젊었을 때 시인 공초 오상순 선생을 서울 명동 어느 다방에서 뵙고 여쭤봤다. 어째서 평생토록 결혼 안 하고 독신으로 사셨느냐고. 그랬더니 오 선생께서 하시는 말씀이 이러했다. '젊은 친구, 답답한 소리 좀 그만 두게. 난들 외롭게 살고 싶어 그랬겠나. 내가 좋다고 하는 여자는 다 날 싫다 하고, 날 좋다고 하는 여자는 하나같이 내 마음에 차질 않았으니 어쩌겠나?' 이 말씀이 그 당시에도 남의 말 같지 않았다. 그 후로 전 유엔사무총장 댁 하마슐드의 전기를 보니 한번은 어느 신문기자가 왜 결혼 안 하고 독신으로 사느냐고 그에게 묻자 그의 대답이 T.S. 엘리어트(1948년 노벨문학상 수상)의 시를 이해하는 여성을 만나지 못했기 때문이라고 했다. 그가 찾는 이상적인 여인을 발견하지 못했다는 뜻이었으리라.

나 또한 나의 자작시 '바다'와 '코스모스'를 이해해주는 여자를 못 만나면 절대로 결혼하지 않고 차라리 혼자 살리라 굳게 마음 다졌었다. 그런데도 어쩌다 결혼했다가 두 번씩이나 이혼까지 하고 말았다. 결혼에 실패를 한두 번 했다고 짝을 찾는 인생 최대 아니 유일한 목표를 포기할 수 없어 나는 진인사대천명하는 비장한 각오와 절박한 자세로 궁여일책을 써봤다. 뉴욕에서 발행되는 미주판 한국일보, 조선일보, 중앙일보, 세계일보에 6개월에 걸쳐 다음과 같은 구혼광고를 냈었다.

'제 진짜 짝을 찾습니다. 인생의 가을철을 같이 즐길 코스모스 같은 가을여인을 찾습니다. 정력왕성하고 낭만적인 50대 남성 연애지상주의자가 지적 대화 가능한 미모 미심美心 미혼美魂의 30대나 40대 독신여성으로 비기독교신자를 찾습니다.'

그랬더니 미국 각지에서 수백 명의 여성으로부터 전화가 있었고 그 중에서 수십 명을 만나봤다. 교회도 안 다니는 사람이 왜 미국에 사느냐, 덤벼들어 물고 늘어지는 여자를 비롯해 장난삼아 전화하는 사람, 돈이 얼마나 있느냐, 집이 있느냐, 미국 시민권자냐, 영주권 소지자냐, 어떤 자동차를 모느냐, 직업은 뭣이냐, 애들이 있느냐, 몇이나 되느냐, 전前 부인과는 왜 어떻게 헤어졌느냐, 키가 얼마나 크며 몸무게는 얼마나 나가느냐, 고향은 어디며 학교는 어딜 나왔느냐, 혈액형은 무엇이냐, 묻는 여자가 많았다.

그밖에도 그냥 전화로 말벗이나 하자는 유부녀와 처녀들도 있었고, 남자 망신 그만 시키라며 노발대발하시는 남자가 있는가 하면, 자기도 광고를 내 볼까 하는데 광고내면 그 반응이 어느 정도냐고 솔직히 물어오는 남자도 있었다. 또 20여 년 전 영국신문에서 60년 만에 꿈에도 그리던 옛 연인을 다시 만나 결혼한 여인 기사를 읽은 적이 있다.

1931년 영국의 웨스트 요크셔에서 한 집에 하숙하고 있던 두 청춘남녀가 사랑에 빠졌으나 여자 쪽 부모의 강력한 반대에 부딪쳐 그 다음해인 1932년 처녀 엘룬드 그리피스는 총각 베이질 타이트의 곁을 떠날 수밖에 없었다. 그로부터 60년간 엘룬드는 단 한시도 그를 잊은 적이 없으며 단 한 순간도 후회하지 않은 때가 없었다고 그 최근에 있었던 결혼식에서 밝혔다. 84세가 된 엘룬드는 죽기 전에 그를 찾아보리라 마음먹고 은퇴한 노인들을 위한 잡지에 사람 찾는 광고를 냈는데 광고가 나간 지 일주일도 안 돼 옛 애인 베이질로부터 연락이 왔다. 이로부터 몇 번의 연서를 교환한 끝에 이 두 사람은 결혼하기로 결정, 드디어 생애 최고의 행복을 맛보며 노신랑신부가 결혼식을 올리게 된 것이다. '젊은 날 내가 어머니 말을 들었기 때문에 내 생애는 너무나 비참했었다. 그렇지만 이제라도 베이질과 같이 살게 되었으니 지난날의 보상을 다 받은 셈이다. 그는 내가 원하는 것 전부인 까닭이다.' 이렇게 지난날을 회고하고 노신부 엘룬드는 행복한 결혼식에서 감격의 눈물을 흘리더라고.

오, 각성할지어다.
오, 명심할지어다.
세상의 부모들이여,
세상의 자식들이여,
천하의 선남선녀들이여,
우리 가슴 뛰는 대로만 살자.

세상에 못할 짓 가운데
가장 못할 짓이 있다면
가슴에 못 박는 일 아니랴!

그 누가 책임질 수 있으리오.
하늘도 땅도 조상도 부모도
그 아무도 책임질 수 없으리.
너와 나의 모든 행과 불행을.

천당과 지옥이 따로 없다.
너와 내가 같이 가는 곳이면
너와 내가 함께 있는 곳이면
너와 내가 같이하는 순간이면
그 어디 언제라도 천국이지.

천사와 악마가 따로 없다.
너와 나를 갈라놓는 사람이면
우리 가슴에 못 박는 사람이면
부모이든 형제자매이든 벗이든
다 적이요 원수요 악마이다.

너와 나를 남과 북 동과 서
너와 나를 선과 악 흑과 백
너와 나를 남과 여 노와 소
너와 나를 분리시켜놓는 사람
그 누가 되었든 죄다 악마이리라.

세상에 누구 말을 들으랴

세상에 누구 뜻을 따르랴
진리는 언제나 가까이 있고
너와 나 우리 자신 속에 있으리.

네 숨은 네가 내 숨은 내가
네 삶은 네가 내 삶은 내가
네 가슴 네가 내 가슴 내가
네 사랑 네가 내 사랑 내가
쉬고 살고 뛰고 오를 수밖에

사랑이 모험 중에 모험이라면
용기와 신념만 있으면 족하리다.

삶의 축배

서양사람 특히 영국 사람들이 즐겨 쓰는 말에 '찻잔 속의 폭풍 storm in a teacup'이 있다. 1992년 4월 29일 흑인 운전자 로드니 킹을 집단구타한 로스앤젤레스 백인 경찰관들에 대한 재판에서 배심원들이 무죄 평결을 내린데 반발한 흑인들이 일으킨 폭동으로 날벼락을 맞은 한국교포들의 신세는 폭풍 속에 박살난 찻잔이라 해야 할 것 같다. 그런데 뿌리 깊은 흑백갈등의 소용돌이 속에 말려든 우리 한국교포가 '희생양'이 되었다고, 날벼락 맞은 격 이라고만 할 수 없지 않을까. 한국인이 근면하여 돈을 많이 벌기 때문에 흑인들이 시기한다고 할 수도 있겠지만 그보다는 한국인이 노골적으로 그들을 멸시한데에도 문제는 있다. 백인도 흑인도 아닌 황인종으로서 흑백 사이에서 중화中和를 지키지 못하고 검은 인종을 야만시하며 자기네가 세계의 중앙에 위치한 가장 문명한 나라라며 거들먹거리는 중화中華를 모방하다 못해 백인우월주의 흉내까지 내며 스스로를 백인으로 착각한데 있지 않았을까. 흑인촌에서 돈 벌어 백인촌에 살면서 말이다.

언젠가 한국의 TV드라마 '당신의 축배'에 재미교포 세탁업자를 멸시하는 대사가 쓰였다고 미국의 전 한인세탁업자는 물론 재미교포들 모두 분개하며 한인회가 한국정부와 방송사에 항의하는 소동이 일어났었다. 이것이야말로 찻잔 속의 폭풍이 아니었을까. 일찍이 그 누군가가 말했다는 것처럼 너 자신의 동의 없이는 그 누구도 너 자신의 자존심을 상하게 할 수 없다. 비근한 예로 병신 같은 놈 또는 거지같은 년 이라고 누가 욕을 해도 나 자신이 진짜 병신이나 거지가 아니면 기분 나빠하지 않는다. 사람보고 개 같은 것이라고 개새끼라 할 때 평소에 정말 개같이 살아온 사람일수록 길길이 날뛴다.

임금님 귀는 당나귀 귀라 할 때 당나귀 귀를 가진 임금이나 펄쩍 뛸 일이고 그것도 자기가 당나귀 귀를 갖고 있는 사실을 숨겨온 임금일 경우에만 그럴 것이다. 임금님이 창피한 줄도 모르고 벌거벗은 채 거리를 활보할 때 어린애로부터 임금님 벌거벗었네 라고 손가락질 받아 마땅하지 않은가. 현대판 임금님의 경우도 매한가지이다. 야채, 과일, 꽃, 생선, 옷, 신발, 가발, 세탁, 수선업 등 가지가지 힘들고 고생스런 품 팔아 검은 손때 묻은 돈으로 임금賃金님 된 대부분의 재미교포들 말이다. 돌이켜 보면 한국동란 때 그리고 그 후로 그 어떤 비상한 수단과 방법으로 외국 특히 지상의 천국처럼 선전된 미국에 이주하는 소수의 사람들은 유럽의 옛 동화속의 여주인공 신데렐라만큼이나 많은 사람들의 선망의 대상이었다. 다 같이 몸을 파는 여자라도 외국사람, 미군을 상대하면 양공주님이 되고, 동족인 한국남자를 상대하면 똥갈보라 불리었다.

그 뒤로 좀 악취미 같은 농반진반의 이야기가 나돌았다. 용케 혼자만 전쟁터 한국을 떠난 사람들은 한국에 전쟁이 다시 나기를 내심 바라고, 떠나지 못하고 남아있는 사람들은 혼자만 더 잘 살아보겠다고 고향과 조국을 등진 사람들이 해외에서 돈 많이 벌고 크게 성공하기를 빌어주기 보다는 교통사고나 강도의 총에 비명횡사라도 하기를 은근히 바랬다고 한다. 흔히 친척이나 동족이 남만도 못하다고 한다. 모르는 남이 잘 살면 부러워하고 못 살면 동정하는데 형제나 동족이 잘 살면 속상해하고 못 살면 깔보면서 멀리 한다고. 미국의 우리 교포사회에서 흔히 듣는 말로 길에서 같은 한국 사람을 만나면 반갑기보다 경계하게 된다고 한다. 자기의 상점 앞에 한국 사람이 기웃거리기라도 하면 가슴이 철렁 내려앉는단다. 바로 옆 가게에 같은 업종의 상점을 차려 덤핑하듯 도매가격보다 싸게 물건을 판다고 한다. 손님 다 뺏어갈까 봐……

우리나라 사람들은 나를 버리고 떠나시는 임은 십리도 못 가서 발병 난다느니 사촌이 땅을 사면 배 아프다 하는 것이 우리 민족성 때문만은 아닐 것이다. 젊은이가 늙은이 대할 때나 건강한 사람이 병원에 입원해 있는 환자를 방문할 때나 의식주 걱정 없는 사람이 헐벗고 굶주린 사람을 볼 때 상대적으로 자신의 젊음과 건강과 유복함을 다행스러워하게 된다. 그래서 동정이나 자선조차도 이기적인 일종의 자위책이라고 말하나 보다. 그런데 문제는 우리가 다른 사람과 신경질적으로 비교하는데서 쓸데없이 그야말로 백해무익한 우월감 아니면 열등감을 느껴 어깨를 제치기도 하고 축 늘어뜨리기도 하는데 있는 것 같다.

1972년 직장 때문에 내가 영국에 가 살 때 당시 주영대사관 공보관으로 부임한 나의 옛 동료기자 친구 집에서 저녁을 먹으며 담소하는 가운데 친구 부인이 자기는 길에서 흑인을 보면 우월감을 느낀다는 실토에 나는 한편 그 천진난만함을 높이 사면서도 또 한편으로는 아연실색하지 않을 수 없었다. 그 친구 부인은 대학교육까지 받고 결혼 전에 여성잡지 기자생활도 한 인텔리 여성이었는데…….

하기는 그 친구 부인뿐만 아니라 우리 모두가 한없이 복합적인 인간사회에 살면서도 너무도 피상적이고 단순하고 획일적인 가치 척도로 서로를 견주고 재는 것 같다. 따라서 피부 색깔이니, 직업의 귀천이니, 남존여비, 재산유무, 학식유무를 따져 인무식人無識이 되는지 모르겠다. 대도무문大道無門이라고 정말 역지사지易地思之로 처지를 바꿔서 생각하는 것이 대도大道라면 이런 큰마음 해심海心을 갖고 출렁이는 인생바다에 무슨 문이 있으리오. 이런 마음가짐으로 보면 나보다 잘난 사람도 못난 사람도, 나보다 잘사는 사람도 못사는 사람도 없고, 나보다 좋은 사람도 나쁜 사람도 없으며, 모두가 다 나의 분신임을 깨닫게 되어, 더 이상 치졸무쌍한 우월감도 열등감도 느낄 필요 없게 되리라. 그러면 그 누가 되었든 이웃의 기쁨이 내 기쁨이요, 이웃의 슬픔과 아픔이 내 슬픔과 아픔인 것을 알게 되리라. 나 자신이 여러 형태로 여러 가지 삶을 살면서 여러 가지 경험을 하는 것임을…….

어찌 안 그러랴! 이렇게 볼 때 우리는 모든 삶을 다 이해하고 존중하며 사랑할 수 있으리라. 어떤 삶도 모른 체 할 수 없는, 무시할 수 없는, 버릴 수 없는, 너무도 애달프도록 가엾고 덧없는 것 아니더냐. 그래서 윤동주도 그의 '서시'에서 별을 노래하는 마음으로 모든 죽어가는 것을 사랑해야지 라고 읊지 않았나. 이럴 때 비로소 남이 아니고 모두가 다 나 자신의 다른 모습임을 알게 된다. 당신의 축배가 바로 내 축배요, 우리 모두의 축배인 것을, 그리고 축배는 혼자 들 수 없고 같이 드는데 그 뜻과 의의가 있다는 것을, 또 그리고 축배 가운데 사랑의 축배, 곧 동고동락 삶을 나누는 숨과 꿈을 나누는 삶의 축배 그 이상이 없다는 것을 알게 된다.

행위예술과 대안교육

행위예술이니 음주문화니 하는 말이 있다면 끽연문화란 말도 쓸 수 있지 않을까. 아직도 좀 그렇겠지만 내가 젊었을 때는 더욱 그랬었다. 술과 담배를 해야 매력 있는 것처럼 술과 담배 선전 광고에 세뇌되어 억지로라도 술과 담배를 해야 했다. 나도 한때 젊어서는 술 한 잔에서 인생의 낭만을 맛보고 담배 한 모금에서 연기처럼 사라지는 인생무상의 덧없음을 관조하고 달관하는 시선詩仙이나 도사道士라도 된 양 행세하며 육갑을 떨었었다. 여기서 음주 끽연 행위 실험예술의 한 표본을 들어보자.

영국 북부 요크셔지방 애플트리윅이란 곳에 '새주막'이란 정원 대폿집이 있다. 지금으로부터 30여 년 전 당시 77세의 이 대폿집 주인 샤워 씨는 10년째 이 대폿집에서 금연운동을 해왔다. 1971년 담배를 많이 피우던 반티라는 그의 여자 친구가 암으로 죽자 이 정원 대폿집에 정자를 세우고 다음과 같은 말이 새겨진 현판을 달아 놨다.

1971년 9월 29일
담배로 인해 생명을 잃은
반티를 추모하면서
이 여인의 죽음이
결코 헛되지 않도록
이 조그만 정자를 만들어
살아있는 사람들에게
건강할 때 건강을 존중해
금연해 줄 것을 강력히 권하노라.

이렇게 금연운동을 해온 지 10주년을 맞아 샤워 씨는 정원 한 끝에 그가 죽으면 반티 곁에 묻힐 자신의 무덤을 만들어 놓고 그가 죽은 뒤에도 이 금연대폿집을 찾는 손님들에게 생전의 육성으로 녹음된 담배의 해독에 대한 그의 경고를 들려 줄 수 있도록 장치를 해놓았다. 샤워 씨의 기억으로는 이 금연대폿집에 와서 담배를 피운 손님은 단 한 사람뿐이었단다. 한 축구선수가 담배를 피우면서 들어오는 것을 보고 말리자 이 손님이 샤워 씨 얼굴에 담배연기를 내뿜었다. 그러자 인심 좋은 대폿집 주인답게 샤워 씨는 손님 머리에 생맥주를 부어주었다. 그 후로 이 손님은 두 번 다시 나타나지 않았다고 한다.

이와 같은 기사를 보면서 나는 회심지우會心之友를 만난 듯 또다른 회상에 잠겨 야릇한 향수에 젖었었다. 호탕방탕하게 친구들과 어울려 술을 퍼마시면서 줄담배로 밤을 새워가며 인생을 논하고 사랑을 꿈꾸며 젊음을 구가하던 시절로 돌아가…

정녕 아름다워라.
아니 애달퍼라.
젊음이여 청춘이여, 삶이여 인생이여,
아니 더할 수 없이
덧없고 애틋한 목숨이여 생명이여,
촛불같이 타리라.
아니 아지랑이처럼 하늘하늘 피어오르리라.
바람에 실려 구름 타고 또 다른 별세계로.

진실로 인생이 일엽편주 같다면 어떻게 살아야 할까?

미국의 여류시인 패트리시아 햄플은 그의 회상록 '하나의 낭만적 교육'에서 이렇게 말한다.

'글 쓰는 사람이 나는 되고 싶었다. 글을 쓰면서도 의사나 교사, 미생물학자나 피아니스트가 될 수 있다고 나는 생각했다. 그 밖에도 영화배우, 해양학자, 수목관리인 등의 직업이 내겐 매력 있었다. 별로 매혹적이 아니었으나 그저 나는 글을 썼을 뿐이다. 그 보상으로 돋보이던 다른 모든 일들이 근처에 접근조차 못할 만치 생생한 현실감을 나는 느낄 수 있었다. 어떤 직업의 유혹도 결국 글 쓰는 일로 귀착되었다. 글 쓴다는 것이 얼마나 모든 일에 나 자신을 몰입시켜 내 본질을 시험하고 실험하는가를, 다시 말해 세상 모든 것을 내포하는 것임을 내가 직감했기 때문이다. 글 쓴다는 것이 모든 것의 요체要諦로 모든 사물의 심혼心魂이요, 글 쓰는 사람이 되고 싶다는 것은 하나의 개성 있는 생명, 사람이 되고 싶

어 하는 것임을.'

지당하신 말씀이다. 글 쓰는 사람 따로 없이 우리 모두 다 글 쓰는 사람이다. 손으로만 쓰지 않고, 눈 귀 입 코, 머리와 가슴은 물론, 팔 다리 발바닥으로도……. 사람이 정말 사람답게 산다는 것은 두 눈을 크게 뜨고 마음의 문을 활 짝 열어 세상의 모든 아름다움을 보고 그 신비로움에 경탄하며 축복된 삶의 기쁨을 순간순간 만끽하는 것이리라. 그렇다면 주입식 암기식 응시요령의 앵무새 학교 공부 많이 하는 것보다 차라리 전국 방방곡곡 여러 곳으로 또 가능하면 세계 각국으로 여행하면서 많이 보고 느끼며 세상 공부 많이 하는 게 더 바람직하지 않으랴.

직장 때문에 우리 가족이 영국에 가 살면서 애들 학교 친구들이 툭하면 부모 따라 학교를 빠지면서까지 여행 다니는 것을 나는 처음에 이상하게 여겼었다. 한번은 신문에서 영국의 어느 한 가족이 가산을 다 정리해서 배 한 척을 구입, 몇 년을 세계 각지로 항해할 여장을 갖추고 나이 어린 세 자녀가 읽을 책만도 수천 권을 싣고 영국을 떠났다는 기사를 읽고 그 용단에 나는 크게 놀랐었다. 그러다가 1978년 여름 우리 온 가족이 영국을 떠나 하와이로 이주, 6개월 동안 미국 각지와 한국으로 여행한 후 애들 음악교육 때문에 영국으로 되돌아가 애들이 먼저 다니던 학교에 복교했을 때 애들 학업성적이 전보다 떨어지는 대신 더 나아졌었다. 몽땅 빼먹은 지난 가을 한 학기 수업을 따라가려고 분발해서였는지 아니면 여러 곳으로 여행하면서 정신적 또 정서적으로 많은 자극을 받고 애들의 능력이 더 많이 개발되었던 것인지 모를 일이다.

그 후로 언젠가 미국의 시사주간지 뉴스위크에서 미국의 어느 한 여학생이 고등학교를 졸업하면서 부모로부터 대학 4년 다닐 학자금을 받아 그 돈으로 대학 다니는 대신 쎄일링 보트를 사서 세계일주를 하기로 했다는 기사를 보고 이 얼마나 멋있는 진학코스인가 감탄했다. 실로 인생살이가 망망대해에 떠도는 일엽편주와 같다면 우리 각자 자기 나름의 방향감각을 갖고 자기가 항해해 보고 싶은 대로 자기가 좋아하는 별 따라 살아보는 것 그 이상이 없지 않겠는가 하며…….

꽃과 무지개

인식認識 아니 어쩌면 인식人識이나 성찰 없는 삶은 살 가치가 없다는 소크라테스의 말대로 눈을 크게 뜨고 내 주위를 둘러보니 이 잔혹상이 여러 형태로 세계 도처에서 벌어지고 있음을 보았다. 백인들이 황인종 흑인종을 착취하고 압제하듯 백인들이 백인들을 착취하고 압제한다. 그런가 하면 채찍에 신음하는 피압제자들은 똑같이 야비하고 비열한 증오심과 가혹성을 드러낸다. 저보다 약한 동족이나 이웃에게. 그래서 나는 정신적 영적 스승을 통해 위로와 위안을 받고, 사람은 누구나 저마다 개개인의 삶에서 최선을 찾아 각자 스스로를 구원해야 한다고 믿는다.

이것은 자메이카 태생의 미국 흑인 작가(시인, 소설가) 클로드 맥케이가 한 말이다. 이웃나라 일본의 군국주의자들이 저지른 만행 중에 특히 우리나라의 종군위안부 성노예 정신대의 과거사에 대한 일본정부의 반성과 사과가 부족하다고 아직까지도 말이 많지만 우리 조상이 못나고 힘없어 일본의 식민지가 되었다가 6 · 25란 동족상잔의 비극을 겪고 아직도 분단의 역사가 이어지고 있는 상황 아닌가. 말하자면 '갑'이 못 되고 '을'의 입장에서 말이다.

그건 그렇다 치고, 얼마 전 한국 갤럽 여론조사 결과를 보니 한국인의 약 50%가 종교를 갖고 있고 그중 20%가 불교, 19%가 기독교인데, 불교 기독교를 막론하고 신도들이 그들이 믿는 종교단체에 가장 바라는 바가 헌금이나 시주를 강요하지 말 것과 그들이 내는 돈을 좀 더 많이 불우이웃을 돕는데 써달라는 것이었다. 그리고 또 한 가지 요망사항은 제발 좀 종파분쟁을 그만 두어달라는 것이었다. 흔히 신문 지상에 각종 의연금이나 성금 기부자 명단이 대문짝만큼 크게 나고 교회 주보에는 헌금 액수와 헌금자 명단이 있으며 특별 헌금을 한 신도 신자를 위해서는 목사나 스님이 특별기도나 특별염불을 해준다.

사람도 아닌 하느님이나 살아있지도 않은 예수나 석가모니가 왜 그토록 돈이 필요하며 어째서 그토록 큰 집 교회나 성당, 또는 절 등이 필요하단 말인가. 하느님이 정말 계시고 인격보다 훨씬 더 훌륭한 신격의 소유자이시라면 인간들이 그 어떤 장대하고 화려한 교회나 성당을 짓고 그 어떤 경건하고 엄숙한 종교의식을 통해 그분을 찬양하고 그분께 예배드리는 것보다 인간, 또는 동물 심지어 식물의 탈까지 쓰고 우리 가운데 그것도 가장 낮고 천한 곳에 거居하시는 우리 자신 스스로를 왼손이 하는 일을 바른손이 모르게 서로 힘껏 돕고 사랑하는 것을 훨씬 더 좋아하고 기뻐하시리라.

자고이래로 거짓말쟁이일수록 말끝마다 정말, 진짜인데 하고 애국애족심이라곤 콧수염 털끝만치의 그림자도 없는 해국해족자害國害族者일수록 애국애족자연 하며 하느님이나 부처님의 뜻을 더할 수 없이 배반하고 거역하는 자들일수록 제 시꺼먼 뱃속을 채우기 위해 그 더욱 소리 높여 목청을 가다듬고 하느님과 부처님 이름을 부르며 팔아오지 않던가. 그래서 신약성서에서 예수도 당시의 학식 많은 높은 신분의 학자와 종교인들인 바리새파 교인들을 회칠한 무덤이라 하고 사두개파 물질주의자들을 독사의 새끼들이라 했나 보다. 오늘날 그리고 지난 2천년 동안 예수의 가르침과는 정반대로 행동하고 살아온 사람들일수록 자신을 크리스천 기독교인이라고 자칭해 온 것 같다.

진실로 예수가 이천 년 전 죽었다가 실제로 부활했건 안 했건, 또 앞으로 정말 언젠가 재림하든 안 하든, 그의 영혼이라도 살아 있다면 지난 2천 년을 두고 계속 통곡에 통곡을 했을 일이다. 특히 그의 이름으로 정신적인 정신대挺身隊로 끌려 나가 짓밟힌 수많은 희생양들을 위해. 아직도 계속해 십자군에 동원되고 있는 수많은 제물들과 노예들, 다시 말해 선악, 흑백의 아전인수 격 독선, 독단적인 가치관의 노예들과 이러한 위선적 가치관과 선민사상選民思想 그리고 백인제국주의의 제물들을 위해서 말이다.

어쩌면 그래서 '우리에게 여러 가지 종교가 없다면 우리 모두 형제자매로 한 가족처럼 살 수 있을 텐데'라고 칼릴 지브란도 탄식했나 보다. 마땅히 우리 모든 사람 속에 살아 있을 어린애 코스모폴리탄 순례자를 옛 소련의 천재 소녀 시인 니카 투르비나Nika Turbina가 대변하는지 모르겠다.

날 무섭게 하는 것은
무관심이에요.
사람들의 냉담한 무관심이
세상을 삼킬 것만 같아요.

작은 우리 지구를,
우주 한 가운데서 뛰는
이 작은 심장을.

또 이 '작은 심장'의 대변아도 그의 '점치기Telling Fortunes'라는 시에서 이렇게 탄식한다.

내가 점장이라면
얼마나 좋을까
난 꽃으로 점치고
무지개로 세상의 상처
다 아물게 할 수 있을텐데.

상상해보게

영국의 시인 죤 밀턴은 그의 저서 '실낙원'에서 악마의 광란, 침울한 우울증, 그리고 달빛을 쏘여 실성한 광증狂症에 대해 언급하고 있다. 이삼십여 년 전 영국의 텔레비전에서 영국의 젊은이들이 통일교에 포섭 세뇌되어 이용 착취당하고 있다는 프로가 방영된 후 영국의 각 신문마다 'Moonie'라는 통일교가 반사회적이니 가정을 파괴한다느니 야단이었다. 이 와중에 통일교신자가 된 손자를 둔 한 영국 할아버지가 보낸 다음과 같은 편지가 영국의 진보주의적 전국지 신문 가디언The Guardian에 실렸었다.

'내 손자는 현재 21세로 3년 전에 통일교 신자가 되었습니다. 그때부터 그들의 규칙대로 술, 담배, 마약, 섹스를 멀리 해왔습니다. 이와 같은 규율이 반사회적이란 말입니까. 그 아이 부모 말로는 이웃들도 자식들이 술집이다 디스코다 싸돌아다니면서 마약 밀매꾼들의 밥이 되는 대신 차라리 통일교도들이 되었으면 하고 그렇게 되기를 바란답니다. 6주마다 집에 오면 그는 행복하고 화평한 얼굴로 집안 궂은 일 다 맡아 하고, 옛날에는 긴 머리를 하고 막 살던 아이인데 지금은 복장도 단정하고 아주 참하고 생기 있는 딴 사람이 되었습니다. 대화를 해봐도 그가 세뇌됐다는 아무 낌새를 찾아볼 수 없고 그가 믿게 된 통일교의 교리가 기독교의 기존 정통파 교리와 좀 다르지만 근본적으로는 같은 것 같습니다. 그러니 통일교가 가정을 파괴한다고 할 수 없지 않겠습니까.'

그러고 보면 지금으로부터 60여 년 전 당시 18세에 어려서부터 주일학교와 교회를 다닌 끝에 세례 받고 침례교신자가 되었을 때나야말로 세뇌되었던 것인지 모르겠습니다. 뿐만 아니라 남녀노소 할 것 없이 대중 매스컴을 통해 인체에 해롭고 반사회적인 술과 담배 선전광고로 우리 모두 잘못 세뇌되어 오고 있지 않겠습니까?

공교롭게도 또 그 몇 년 전 영국의 국영방송 BBC 리스 렉춰 공개강좌 연사로 초빙된 미국의 그 당시 미시간대학 알리 마즈루이 교수는 최근에 와서 서방국가에서 전도하며 개종시키는 아프리카와 아시아 출신 선교사들은 그 동안 오래도록 서양 사람들이 처방해온 약을 그들 자신에게도 맛보게 해주고 있을 뿐이라고 지적했다. 한국의 문선명 목사가 이끄는 통일교운동에 몰려드는 자식들의 부모가 느끼는 억하심정抑何心情을 자기는 이해할 수 있다고 마즈루이 교수는 말한다.

'내게는 아들 셋이 있습니다. 아프리카 사람으로 나는 태어났고 만일 내가 아직도 아프리카에 살고 있었다면 내 아들들도 선교사들의 전도대상이 됐을 것입니다. 물론 선교사들은 서양의 백인들로 감리교나 가톨릭교 계통이었을 것입니다.'

서양 백인들의 제국주의적 식민지 질서에 쉽게 또 빨리 현지 원주민들을 굴종 예속시키기 위해 백인 선교사들은 사랑과 친절, 용서와 인내 등 여성적 미덕을 주입 세뇌시켜 이들의 반항심과 투쟁정신을 약화시켜 정신무장을 해제시킨 후 백인들의 세계지배를 가능케 했다고 정치학 교수인 그는 본다. 아프리카와 아시아 그리고 아메리카대륙 원주민들의 고유한 정신문화는 백인들의 독선 독단적인 종교적 과학적 물질문명의 세속적인 침공을 받아왔음을 상기시키면서 문선명 통일교 교주가 이러한 침공에 대응, 처음으로 역침투, 역선교의 역공을 개시한 것 같다고 마즈루이 교수는 관찰한다.

만약 2차대전에서 일본이 승리했다면 아마도 일본의 '신도Shinto' 신사神社-神祠참배에 앞장섰을 사람들이 오늘날 한국과 미국에서 교회에 많이 다니고 있을 것이다. 한 마디로 말해서 서양의 해적들이 총칼은 물론 핵무기 원자폭탄으로 세계를 정복하지 못했었다면 저들의 종교가 오늘날처럼 판치게 되지 못하였으리라.

이렇게 볼 때 서양 백인 선교사들에 의해 개종된 모든 유색 기독교인들을 좀 극단적으로 표현해서 정신적으로 거세당한 '정신적인 내시內侍'라고까지 말할 수도 있지 않을까. 이미 고인이 되셨지만 그 분이 살아계실 때 20여 년 전 나는 다음과 같은 편지 한 통을 문선명 교주님께 띄웠다.

문선명 선생님께

문 선생님과 일면식은 물론 통일교에 대해 아는 바 아무 것도 없는 무지한 소생이 극히 외람되나마 삼가 이 글을 올립니다. 뭣보다 통일교의 통일이란 이름부터가 분열될 대로 분열되어 있는 인류에게 가장 호소력 있고 매력적인 말로 들리는 것 같습니다. 지난해 전 세계 1백 40개국 8만 명의 지성들이 자리를 같이한 제

1회 세계문화체육대전이 한국에서 개막됐다는 뉴스(아니 이야말로 복음이라 해야겠지요)를 접했을 때 정말 가슴 부풀어 경탄성이 절로 나왔습니다. 세계 규모에 걸치는 획기적인 대전大典에서는 국제과학통일회의, 세계평화교수협의회세계대회, 세계언론인대회, 세계평화를 위한 정상회의, 세계종교회의, 세계평화종교연합, 세계평화연합, 세계평화여성연합, 대학원리연구회세계대회, 체육대전 등의 행사와 실로 장관일 수밖에 없는 3만여 쌍 6만여 명의 국제합동결혼식이 베풀어졌다는 보도에 이 대전大典의 창시자인 문 선생님께 큰 박수와 함께 진심으로 깊은 경의를 표해 마지않으면서 이 모든 행사가 전대미문의 이름뿐이 아닌 문자 그대로 명실상부한 결실 맺기를 축원하는 바입니다.

지난해 미국 시사주간지 타임의 '나라 없는 사람'이란 표제로 구舊 소련연방 대통령 미하일 고르바초프의 실각을 다룬 카버스토리 기사를 읽고 어떤 한 독자가 보낸 다음과 같은 글이 실렸었습니다.(타임지 1992년 1월 13일자) 고르바초프에게 편지를 띄울 수 있다면 나는 이렇게 쓰겠다는 요지였지요.

'당신은 결코 나라 없는 사람이 아닙니다. 세계가 당신의 나라이고 우리 모두 충심으로 당신을 환영합니다. 당신은 그 짧은 시간에 그토록 큰일을 했고 앞으로도 더욱 많은 일을 할 사람입니다. 전 인류를 청중으로 세계란 강당에서 당신의 비전과 지혜를 나눠줄 수 있습니다. 당신은 정말 위대하고 최고의 찬사를 받을 만합니다.'

어쩌면 이 말을 문 선생님께도 그대로 해드릴 수 있겠습니다. 반세기에 걸쳐 꽁꽁 얼어붙었던 동서냉전의 빙산을 고르비가 녹여 버렸다면 5백년 아니 2천년에 걸쳐 동서양 간에 쌓이고 내려

깔려온 어둠의 장막을 문 선생님께서 걷어 올려주시고 우리 모두의 가슴 속의 빙산을 하루빨리 녹여주시길 기대합니다. 그래서 우리 모두 물질과 탐욕에 어둔 눈을 뜨고 참빛을 보아 새로 태어날 수 있도록 말입니다.

대단히 무엄한 표현이 되겠으나 남성상위를 영어로는 '선교사체위Missionary Position'라 하지요. 우리말 '감투거리'와는 정 반대되는 뜻으로 그리고 영어에는 스스로를 낮추어 아랫사람에게 짐짓 겸손하게 은혜나 베푸는 듯이 겸허한 덕색德色질을 하고 생색을 낸다는 뜻으로 함께con 내려간다descend란 두 단어를 합한 condescend라는 복합어가 있지요. 본래 선교사란 종교를 널리 전도하는 사람을 일컫는 것이었겠지만 주로 기독교의 외국 전도에 나선 사람을 가리켜 그렇게 불러 온 것 같습니다. 이와 같은 선교사들은 어디까지나 condescend하는 입장에서 무지몽매하고 미개한 야만인들을 계몽하고 교화시킨다는 사명감에 불타는 일종의 정신적 십자군이 아니었습니까.

예수가 사람의 탈을 쓰고 지상에 나타난 하느님으로 고자세를 취했다면 문 선생님께서는 저자세를 취해 주십시오. 사람에서 출발해서 우리 모두 사람 아니 만물이 하나의 하나님 됨을 밝혀 보여주십시오. 진정한 세계평화를 가져올 수 있는 통일 운농은 새래식 기독교의 condescend하는 선교 사업으로는 절대로 안 될 일이고, 그 정 반대로 conascend함께 오르는 것이라야 할 것 같다는 우견愚見을 감히 말씀드려 보자는 것입니다.

나와 너, 남과 여, 백과 흑, 선과 악, 하늘과 땅, 선민과 이방인이 따로 따로 상과 하로 분리되는 약육강식의 고양이가 쥐 사랑하듯 하는 인류애나 이웃사랑이 아닌 참 사랑으로 인종과 국적, 사상과 종교를 초월해 온 인류를 그야말로 한 인간가족으로 통일하는 통일 운동에 더욱 박차를 가해주십사 하는 것입니다. 그래서 우리 모두 다 함께 향불처럼 승화되어 하느님으로 피어오르도록 말입니다. 그러면 비틀즈의 일원이었던 죤 레논이 그의 'IMAGINE'이란 노래로 꾼 꿈이 하나의 예언같이 이루어 질 것입니다. 소아小我를 벗어난 대아大我 곧 천인합일天人合一의 무궁아無窮我로 무궁화無窮花동산에서 만세동락萬歲同樂할 날이 어서 오기를 고대합니다.

상상해보게

하늘에 천국도 없고
땅 속에 지옥도 없다고
상상 좀 해보게
어렵지 않다네.
하늘 아래 우리 모두
오늘을 산다고…….

목숨을 뺏고 바쳐
죽이고 죽을
국가나 종교 또한 없다고
상상 좀 해보게
어렵지 않고
아주 쉽다네.
세상 모든 사람들이
싸우지 않고
평화롭게 사는 것을…….

할 수만 있다면
아무도 아무 것도
소유하지 않는다고
상상 좀 해보게
욕심 부릴 것도
굶주릴 것도 없이
세상 모든 것을
우리 모두 다 같이
나눠 쓰는 것을…….

공상 몽상한다고
그대는 내게 말할는지 몰라도
나 혼자만이 아니라네.
언젠가 그대도
우리와 함께 손잡으면
우리 모두 한 가족
하나가 될 것이네.

사후死後, 청심환淸心丸

지금으로부터 20여 년 전 나는 다음과 같은 공개 편지를 이곳 미국교포 일간지에 썼었다. 혹시라도 만에 하나 이 편지가 당사자에게 전달되었었더라면 그녀는 그렇게 일찍 불귀不歸의 객이 되지 않고 오늘도 우리와 함께 숨을 쉬고 있지 않았을까 하는 너무도 안타깝고 가슴 아픈 상상 아닌 망상에 빠진다.

한국에서 최진실 양을 다룬 인간시대 비디오를 빌려다 보고 견디다 못해 이렇게 펜을 들었다. 먼저 내 멋대로 말 놓는 것 용서해주기 바란다. 진실 양이 내 친 딸 같아 그러는 것이니. 진실 양과 같은 나이의 딸이 내게 있을 뿐만 아니라 쌍둥이 딸로 태어나자 말자 한 아이를 잃었다. 그래서 늘 잃어버린 이 아이를 잊지 못하고 그리워하다 보니 네 또래 애들이 죄다 하나같이 내 딸 같기만 하구나. 게다가 진실이 아빠처럼 나도 집 떠나 사는 삶이기에 더더욱 그렇게 느껴지는지 모르겠다. 몸은 떨어져 있어도 그리는 사람은 늘 가슴속에 있으니까.

어렵게 자라 지금은 많은 사람의 선망의 대상이 되어 있으나 여전히 불안하고 초조해하며 괴로워하는 진실이 모습 너무 애처로워 조금이라도 달래주고 싶은 마음에서 이 글을 쓰는 것이다. 대대로 전前 세대가 그랬었겠지만 진실이 부모세대 또한 진실이 세대 이상으로 고생하며 자랐다. 하지만 내가 고국에서 자랐던 어린 시절, 아무리 집이 가난하고 춥고 배고프고 전쟁으로 고아가 되어도 어린이들은 겁먹지 않고 절망하지 않으면서 씩씩하게 컸다.

세월은 흘러 세상이 많이 변했다지만 요즈음 젊은이 아니 어린이들까지 절망하고 자포자기 하는 것을 볼 때 나도 가슴 많이 아프고 안타깝다. 뒤돌아보면 나 또한 부러운 것이 너무너무 많았다. 어느 천 년에 무엇 무엇을 나도 한번 해보나, 생과자집 앞을 지날 때면 언제나 나도 한번 저런 과자를 먹어보나, 언제나 나도 택시 한번 타보나, 비행기 타고 외국에 나가보나, 내 전화, 자동차, 집을 가져보나…….

그러노라니 요즘 세상에선 돼지도 잘 안 먹을 꿀꿀이 죽(미군식당에서 나온, 담배꽁초까지 섞인 음식 찌꺼기 쓰레기를 끓인 것)도 못 사먹고 허리띠를 졸라매며 거리에서 신문팔이 하던 나 같은 사람이 어떻게 신문기자를 거쳐 신문에 칼럼까지 쓰게 됐는지 모르겠구나. 하지만 이런 달성 가능한 목적만 추구할 때 사람은 만족을 모르게 되는 것 같다. 말하자면 다람쥐 쳇바퀴 돌듯 도로아미타불이다. 말 타면 경마 잡히고 싶다고 사람의 욕심이란 한이 없기 때문이겠지. 있으면 있는 대로 있는 것 놓칠까봐 불안하고 더 가져보려고 초조해지는가 보다. 그래 봤자 도토리 키 재기 아니겠니? 남과 비교한다는 게…….

흔히 생존경쟁이라 한다마는 남과 경쟁한다기보다 우리 각자 자신의 가능성과 경쟁하는 것일 테고, 매사에 성공이냐 실패냐의 결과보다 그 과정이 중요하며 삶이라는 산을 오르는 기쁨과 즐거움, 그 경험 자체가 전부 아닐까? 결과가 어떻든 네가 할 수 있는 최선을 다 했다는 데 너 스스로 만족할 수 있고, 진정으로 너의 최선을 다한 뒤에는 후회 없이 기쁨을 맛볼 수 있다. 이것이 바로 진실로 진실의 행복 아니겠니.

또 진실이면 된다. 진실이 진실로. 다른 사람이 원하고 기대하는 진실이 아니고 진실이 되고 싶은 진실 말이다. 다른 사람 마음에 들기 전에 진실이 마음에 들어 진실 자체, 자신부터 기쁘게 할 일이고, 진실된 삶을 최고 최대한으로 만끽, 순간순간 유감없이 즐길 일이다. 진실을 창조해 나가는 것이다. 꾸밈없이 아름답게 성장 성숙해가면서 용감하게 열정적으로 진실이 하고 싶은 일 끝까지 힘껏 신념껏 재주껏 해보라고, 그러면서 너그럽고 여유 있게 삶의 기쁨을 나누면서 맛보라고. 다시 말해 끝없이 열심히 배우고 죽도록 사랑하면서 진실로 이상적으로 살아보라는 것이다.

밑 빠진 독처럼 욕심이나 야망으로는 결코 채울 수 없는 것이 사람의 가슴이고, 말라버린 샘터나 가시넝쿨같이 미움이나 시샘으로는 절대로 키울 수 없는 게 우리 사랑하는 가슴이 준 말 '사슴'이다. 받고 또 받아도 더 받고 싶은 수렁 같은 마음魔淫밭이 욕심이라면 주고 또 줘도 더 끝없이 한없이 주고 싶은 '사슴의 마음' 곧 사랑 사자字 '사'에다 마음 음자字 '음'을 우물 판 '사음'이 사랑으로 끝없이 한없이 샘솟으리. 그래 앞서 말한 내 쌍둥이 이름 '해아' 뜻대로,

태양의 정열과 창공의 희망을 갖고,
순진무구한 동심과 진정한 모성애 넘치는,

바다의 낭만을 지닌
태양과 바다의 아이로
진실의 얼굴에서 모든 그늘 사라지고
영원한 젊음이
햇빛처럼 찬란히
아름답게 빛나라.

진실이 생부生父 양부養父 계부繼父는 아니지만 엑스트라extra아빠 여부餘父 여부與父로서 여부如父같이 되고 싶은 나 이태상李泰相이 편지를 쓴다.

너는 너대로 아름다워라

최근 김희애는 JTBC '아내의 자격' 히로인으로 TV와 영화를 아울러 국내 최고 권위의 대중문화상인 제49회 하이원 백상예술대상 TV 최우수 연기상을 받았다. 올해 다섯 번째로 지난 23회에선 신인상을, 29회에서는 대상, 39회 최우수연기상, 40회에서도 대상을 탄 화려한 이력을 갖고 있다. 아내의 자격에서는 참된 행복을 위해 새로운 사랑을 찾아 떠나는 40대 여성을 연기해 공감대를 형성했다고 한다. 20여 년 전 나는 이곳 미국 교포일간지에 다음과 같은 공개서한을 썼다.

김희애 양에게

M-TV 수목극 '폭풍의 계절'과 영화 '백 한 번째 프러포즈'에서 연기 천재 김희애가 브라운관과 스크린 동시 정복을 선언했다는 기사를 보고 이렇게 펜을 들었다. 먼저 말을 놓는 것 용서해주기 바란다. 내 막내딸이 같은 또래로 외모와 성격이 희애 양과 많이 비슷해서이다. 그리고 희애 양 이름부터가 너무 내 맘에 꼭 들어서인지 모르겠다. 한자로 어떤 글자를 쓰는지 모르겠다만 기쁠

희, 좋아할 희, 바람 희, 드믈 희, 놀 희, 연극 희, 다 좋을 것 같다. 게다가 사랑할 애, 앳된 어린아이가 준말 애, 또는 애를 쓴다는 뜻의 애 또한 다 썩 잘 맞는다고 생각한다. 그래서 희애 양 이름 자체가 우리 모두의 존재 아니 그 본질과 본성을 나타낸다고 본다. 우리 모두의 희망과 꿈, 기쁨과 희열, 신바람과 장난기에다 우리 모두의 동심 어린 경이로움까지.

그러니 희애 양이 하는 연기는 단순한 연기일 수 없고 우리 모두의 참모습을 보여주는 것이라야 하겠다. 그렇게 해왔고 앞으로도 그러리라 믿어 의심치 않는다. 다만 좀 걱정되는 것은 혹시라도 희애 양이 뛰어난 연기자로서 뛰어난 연기를 하겠다는 고정관념을 갖고 있다면 주제넘은 노파심에서 한두 마디 당부해 보고 싶다. 물론 희애 양을 가까이서 지켜보는 분들의 감탄성의 발로로 그분들의 객관적이라기보다 주관적인 표현이긴 하겠지만 아래와 같은 기사가 왜곡된 것으로 잘못 본 오해이기를 바랄 뿐이다.

'절정의 연기력을 바탕으로 팬들을 자신의 포로로 만들어가고 있다. OOO는 단지 그가 김희애와 한 드라마에 나왔다는 이유만으로 빛을 잃고 말았다. 김희애 앞에선 물먹은 솜이 되고 만 것이다. 잔매를 맞더라도 상대의 허점을 향해 펀치를 날리는 파이터의 특징은 상대가 강하면 더 강하게 나가는 것. 경쟁적인 연기자만 만나면 웬일인지 희애가 펄펄 난다'

이런 기사는 마치 저 잔악무도하고 살벌하기 짝이 없는 야만적인 만행 권투경기나 투우경기라도 중계하는 보도 같다. 결코 희애 양이 목숨을 걸고 너 죽고 나 살자는 죽기 아니면 살기의 연기 대결이나 경쟁이 아닐 텐데 말이다. 자고로 진정으로 감동적인 연기는 배우가 연기하지 않고 맡은 역의 인물이 돼버리는 것임을 그 누구보다 희애 양이 더 잘 알고 있으리라 믿는다. 맡은 역의 인물로 숨쉬고 꿈꾸며 사랑함으로써 내가 나이도록 다른 사람들이 나를 돕듯이 너는 너이도록 내가 너를 도와 너의 연기도 뛰어 날아오르고 내 연기도 최절정에 달하게 되는 것임을. 그럴 때 비로소 주연 조연 엑스트라 따로 없이 배역 전원이 저마다 제 각기 그 누구도 흉내낼 수 없는 명연기자로 하나의 훌륭한 드라마를 연출해 내는 것임을. 그럴 때 바야흐로 배우마다 신들린 사람 되어 무아도취 입신지경入神之境에 도달하는 것 아니겠니. 희애 양 자신이 너무 너무 잘 알고 있겠지만 말이다.

이것이 참된 배우로서
온몸을 혼으로 불살라
김이 무럭무럭 나도록
열연하는 황홀경의
김희애여라.
희망과 기쁨에 가슴이 타오르는
사랑의 숨찬 김이 되는 것이리.

이것이 바로 우리 모두에게
희애가 보여주는 우리의
희망이고 기쁨이며 사랑이다.

우리가 무엇 때문에 애를 쓰랴
어린애처럼 신나게 놀기 위해서
가슴 설레며 폭풍을 무릅쓰고
단꿈을 꾸듯 사는 게 아니라면
너는 너대로 나는 나대로
김희애는 김희애대로
아름답고 아름다워라.

생각 좀 해보자

20세기의 사상가로 불린 헝가리 태생의 영국 작가 겸 언론인 아써 쾨슬러(1905-1983)와 그의 부인 씬티아는 1983년 3월 그들의 런던 자택에서 함께 자살했다. 그는 루키미어라는 백혈구 과다증과 전신마비를 일으키는 파킨슨병을 앓았다. 그의 부인은 남편 없이 살고 싶지 않다고 같이 죽은 것이다. 그들은 유산 50만 파운드를 어느 영국 대학 부설 심령과학연구소 설립기금으로 써 달라는 유언장을 남겼다. 이심전심 같은 초심리적 심령현상의 과학적 연구를 하는 심령과학에 관심을 갖고 쾨슬러는 '일치의 근거'와 '우연의 도전'이란 그의 저서에서 인간의 이성과 지능 밖의 영역을 탐구했다.

서양의 지식층에서는 일반적으로 이러한 분야는 사기꾼이나 돌팔이 무당 또는 약장수들과 이들의 속임수에 빠지기 쉬운 무식하고 어리석은 자들의 관심사로 치지도외置之度外 해왔고, 근년에 와서 일각에서 관심을 좀 갖기 시작했으나 아직까지는 일종의 과학적인 호기심에 불과한 것 같다. 자칭 무신론자였던 쾨슬러는 죽음은 미지의 나라로서 만성고질병을 앓는 사람은 고문실을 통해서만 들어갈 수 있는 곳이라 했다. 그러나 이 미지의 나라를 향해 떠나기로 결심하고 쓴 그의 유서에서 그는 말한다.

'우리 인간이 이해할 수 있는 한계를 넘어, 또 시간과 공간과 물질의 경계를 넘어, 인간 개개인으로서의 개성과 인격을 탈피, 탈바꿈한 탈 인간을 위한 내세에 대한 좀 겁먹은 희망을 갖고 나는 떠난다.'

그의 유언집행자로 스코틀랜드 에딘버러대학에서 심리학을 강의하는 죤 벨로프의 말로는 쾨슬러가 초현실 세계와 접촉을 갖는 신비스러운 경험을 하고 사람이 죽으면 그 사람 개인은 없어지지만 그 사람 개인의 정신은 우주정신에 통합될는지 모른다는 생각을 했다는 것이다. 태곳적 옛날로부터 삶이 끝나면 죽는다는 생존의 환멸은 많은 사람들에게 공포심은 물론 절망감을 주었을 것이다. 그러나 또 어떤 사람들에게는 마음과 정신의 눈을 뜨게 해주는 깜짝 놀랄 만한 일이었으리라. 그러니 죽음을 어떻게 생각하느냐에 따라 어떻게 사느냐가 결정되지 않을까.

'죽음을 두려워할 필요가 없다. 우리가 걱정할 것은 우리의 목숨이 끊어지는 것이 아니라 우리가 숨쉬고 살아있는 동안 진짜로 사는 일이다. 다시 말해 네가 누구이고 무엇인가라는 외적 정의에 맞도록 만들어진 껍데기로부터 네 속 알맹이 핵심, 네 진짜 자신을 해방시키는 일이다.'

이렇게 죽음과 죽는 일을 전문적으로 연구한 이 분야의 한 개척자는 말한다. 정신병학자이며 '죽음과 죽는 일에 대하여On Death and Dying'와 '죽음과 죽는 일에 어떻게 대처할까Living with Death and Dying' 그리고 '사후의 삶에 대하여On Life after Death'라는 책들의 저자인 엘리자베쓰 퀴블러-로쓰Elisabeth Kubler-Ross(1926-2004)는 우리에게 정신이 번쩍 들 만한 질문을 던진다. 당신은 어떻게 죽을 준비를 하고 있는가?

죽음에 관한 연구 조사로 세계적인 명성이 있는 이 전문가는 삶의 유한성을 받아들임으로써 우리는 성숙한다는 것이다. 왜냐하면 죽음은 인간 실존의 의미에 대한 수수께끼를 풀어줄 열쇠인 까닭이고 또 죽음이 인간의 성장과 발달 곧 삶의 가장 중요한 한 부분임을 깨닫고 인식함으로써 우리 각자가 자기 삶의 참뜻을 발견할 수 있는 기회를 주기 때문이라는 것이다. 우리의 까마득한 조상 원시인들은 죽음을 어떻게 생각했었는지 정확히는 알 수 없지만 죽음이라는 엄연한 현실을 외면할 수 없었으리라.

기원 전 3천년에 세워진 피라미드에 상형문자로 새겨져 있는 글을 보면 고대 이집트 사람들은 내세를 굳게 믿었었던 것 같다. 이 세상에서 누리던 모든 사치와 허영 그리고 쾌락까지도 계속 즐길 수 있으리라고……. 메소포타미아의 신화를 보면 인간은 신들을 섬기기 위해 그의 짧은 인생을 살고 시간이 다 되면 돌아올 수 없는 곳으로 간다. 이로 미루어 보아 그들은 죽음을 무서워했던 것 같다. 가나안의 신화에는 주인공 아카트가 쉶어서 살해되자 그의 콧구멍에서 숨이 떠나듯 그의 생명이 그의 몸에서 떠난다. 생명과 숨이 같은 것으로 숨이 그치면 죽음이 오고 죽음이 올 때 숨이 그친다고 그들이 생각했음을 우리는 알 수 있다. 내세에 신의 상벌이 있을 것으로 보고 페르시아의 조로아스터교 신화에선 개개인에게 선택의 책임을 지운다. 긍정적으로 순결한 선과 부정적이고 불결한 악, 이 둘 가운데서 어느 쪽을 선택하는가에 따라 한 인간의 행동이 그가 죽은 뒤까지 그를 따라가기 때문에 그가 신의 상벌을 피할 길이 없다고 본 것이다.

이 신화에 따르면 사람이 죽은 지 나흘째가 되는 날 그의 영혼은 이 물질세계와 인간의 눈에는 보이지 않는 정신세계를 잇는 다리를 건너, 의인은 아름다움과 기쁨의 나라로, 악인은 고통의 나라로 간다. 그렇지만 시간이 다 가도록 고통을 받고 깨끗해지면 악인들의 영혼도 의인들이 사는 복된 나라에 들어가게 된다. 이처럼 조로아스터교에서는 다른 종교들과 달리 내세에 모든 사람에게 구원을 제공한다. 이 세상에서 의롭게 살든가 그렇지 못하면 내세에 고통을 받아 죄 값을 치르고 나서 구원받도록.

유태 히브리 사상에서는 사람이 육신과 영혼으로 분리되지 않는다. 메소포타미아 사람들처럼 히브리 사람들은 우리가 구약성서 '욥기'에서 볼 수 있듯이 사후의 세계가 즐거운 곳이 아니고 돌아올 수 없는 나라요 어둠과 암흑의 장소로 보았다. 구약성서에는 죽음을 보는 세 가지 다른 관점이 있다. 하나는 가나안 신화에서 나온 것으로 저승이란 뜻의 히브리어로 쉬올Sheol이란 곳의 통치자는 그의 사자死者의 나라 백성이 될 후보자들을 찾고 있다. 둘째는 히브리 문화에서 비롯한 것으로 산 사람은 죽은 사람과의 접촉을 일절 피한다. 셋째는 페르시아에서 유래하여 구약시대 말기에 유태인 사회에 전파된 것으로 내세에 있을 신의 상벌신화이다.

신약성서의 세 가지 주제는 죽음, 부활, 그리고 영생으로 로마법정에서 단죄 받고 처형된 예수의 비극을 초기 기독교 신자들이 신화화해서 그가 죽음을 이기고 승리한 것으로 풀이, 그 승리를 기독교 신자들도 같이 나눌 것으로 생각한다. 일부 기독교 신자들은 믿기를 기독교 신자의 영혼은 곧바로 천국에 들어갈 것이라고, 또 일부 예를 들어 가톨릭교 신자들은 어떤 영혼들은 연옥이란 곳에서 먼저 깨끗해진 다음에야 천국에 들어갈 수 있다고, 그리고 또 일부는 죽은 자들은 모두 최후의 부활을 기다리며 잠들어 있다고 한다. 어떻든 대부분의 기독교 신자들은 미신자나 이교도들은 영원한 벌을 받기 위해 영원히 꺼지지 않는 지옥불에 떨어진다고 저주하면서 이와 같이 배타적이고 이기적이며 편파적인 신화의 교리를 무시한 신의 대자대비大慈大悲가 있을 수 있으리라는 가능성조차 인정하려들지 않는다.

무신론자라고 주장할 만큼 유치하고 오만방자하거나, 유신론자라 할 만치 단순하고 맹목적인 맹신자가 아닌 나는 스스로를 불가지론자不可知論者라고 부를 수 있을지 모르겠다. 왜냐하면 '일반의미론一般意味論General Semantics'에서 강조하듯이 아무도 아무 것에 대해 전부 다 알지 못한다Nobody knows everything about anything고 나도 알고, 그렇게 생각하고 믿기 때문이다. 그렇지만 단 한 가지 분명하고 확실하다고 내가 절대적으로 확신하는 것이 있다. 틀림없이 꼭 말이다.

하느님이 계시다면 또 참으로 하느님다운 하느님이시라면 그분은 하늘님이다. 그 하늘님은 아버지도 아니고 어머니도 아니다. 남성도 아니고 여성도 아니며 그렇다고 중성中性도 아닐 것이고, 질투심 시기심에 불타 편파적으로 그 어느 한 특정 선민選民민족이나 개인 또는 만물의 영장이란 인간만을 편들고 편애하는 그 따위로 속악俗惡하고 소갈머리 좁거나 없는 분이 절대 절대로, 결코 결단코 아닐 것이라는 것이다.

정말 신神이 있다고 할 것 같으면, 또 진정 신이 신다운 신이라면, 그리고 참으로 내세가 있고 그리고 또 천당과 지옥이 있다 할 것 같으면, 예수나 석가모니를 찾아 부르면서 알랑방귀 뀌는 아부

아첨꾼들 그리고 진짜로 도움이 필요한 헐벗고 굶주린 이웃은 못 본 체 하면서 천당클럽에 회비 내듯 아니면 부정부패 축재하는 부패한 관리에게 뇌물 바치듯 교회나 절에는 아낌없이 많은 연봇돈과 시줏돈을 바치는 뇌물꾼들과 천당계꾼들부터 몽땅 지옥에 보내리라. 그리고 부질없이 신의 자선적인 구원을 바라지도 않으면서 제 운명은 어떤 것이든 어디까지나 달게 받아 신나게 열심히 이 세상을 사는 사람들만 천당에 들게 하리라.

생각 좀 해보자

천당과 지옥이
따로 있나
누구를 미워할 때
지옥이고
누군가를 사랑할 때
천당이지.

천당과 지옥이
어디 있나
호의와 선의
베푸는 마음이
천당이고
악독하고 고약한
몹쓸 마음이
지옥이지.

천당과 지옥이

언제인가
잘 사는 오늘이
천당이고
잘못 사는 이 순간이
지옥이지.

오늘 잘 사는 사람이
내일 또한 잘 살 수 있듯
이 세상 삶을
잘 사는 사람이
내세에서도
잘 살리라.
오늘 뿌리는 대로
내일 거두게 될 테니까.

제 마음속에
아름다움 있는 자만이
바깥세상 아름다움을
볼 수 있듯이
진주 같은 마음을
가진 자만이
진주를 진주로
알아볼 수 있으리라.

그리고
이 세상에서 천국을
맛보는 낙천주의자만이
내세의 천국도

누리게 되리라.

그러니
오늘 이 순간을
즐겁게 사는 것이
천당이고
마지못해 사는 것이
지옥임에
틀림없으렷다.

그 이상도
그 이하도
알 수도
알 필요도
없으리라.

사랑의 전설
카든 씨

가슴 뛰는 대로 살다 죽은 '꽃을 든 남자' 한 사람의 이야기 하나 해보리라. 1811년 아일랜드에서 태어나 영국에서 교육을 받고 자기 집 농토의 지주로서 바레인 성주城主가 된 카든씨 이야기다. 이렇게 평범한 지주였던 그가 사랑 때문에 전설적인 인물이 되어버린 이야기다.

젊어서부터 여자를 좋아했고 여자들한테 인기가 있던 그가 나이 40이 넘은 노총각일 때 어떤 여자를 한번 보고 깊은 사랑에 빠져 죽는 날까지 헤어나지 못하고 만다. 카든씨는 어느 날 친구 집 파티에 갔다가 거기서 열여덟 살 난 처녀한테 홀딱 반해버렸다. 그와 처녀 집 가족은 이날 이후 자연스럽게 친해져 서로 방문하며 같은 파티에도 참석한다. 그러나 한결 같이 예의바르고 상냥하게 대해주는 처녀에게 그는 좀처럼 사랑을 고백할 기회를 얻지 못했다. 그도 그럴 것이 그 당시만 해도 직접 상대방에게 구애를 하거나 청혼을 하지 않고 간접적으로 의사를 타진하는 게 상례였으니까. 그래서 처녀의 언니를 통해 처녀에게 청혼을 했는데 그만 거절을 당했다.

그러나 그것이 처녀 본인의 의사가 아니고 가족들의 반대 때문일 것이라고 그는 생각했다. 처녀의 본심에서라고 믿고 싶지 않아, 분명 타의에서 일 거라는 희망을 그가 품게 되었는지 모를 일이다. 물에 빠진 사람이 지푸라기 한 오라기라도 붙잡으려 들듯이 자기가 믿고 싶은 쪽으로 안간힘을 썼으리라. 처녀만 단독으로 만나 시간을 갖고 얘기할 수 있으면 처녀가 속으로 날 좋아하고 있다는 사실을 확인할 수 있으리라 생각하며 처녀가 가족들의 포로가 된 채 자신이 구출해 줄 나날만을 기다리고 있다고 굳게 그는 믿었다.

그래서 그는 처녀에게 나와 함께 남몰래 사랑의 도피행을 하자는 정열적인 편지를 썼다. 편지를 받은 처녀는 이를 가족에게 공개했고 그는 천하의 치한이 되고 말았다. 곧바로 그가 정중한 사과 편지를 썼으나 처녀의 집안에선 그와 더 이상 상종하려 들지 않았고 처녀는 그로부터 받은 모욕을 용서할 수 없다는 짤막한 답장을 보내왔다. 이렇게 실연한 그는 한동안 폐인처럼 지내면서 온갖 궁리를 다해봤다. 처녀를 잊기 위해 먼 외국 땅 웨스트 인디스로 이주할 생각까지 했다. 그래도 처녀를 잊을 수 없어 마침내 목숨을 걸고 그는 처녀를 납치해서라도 구출해야겠다는 결심을 굳힌다. 그해 가을 스코틀랜드 스카이 섬에 사는 친구를 방문하러 가는 길에 마침 스코틀랜드 인버네스에서 열리는 무도회에 가는 처녀 집 가족과 한배를 타게 되어 처녀의 행선지를 알게 된 그는 여정을 바꿔 처녀가 참석한 무도회에 나타난다. 그리고 처녀만 따라다니면서 처녀에게 계속 눈길을 준다.

그가 세운 납치 계획은 처녀를 일행으로부터 끌어내 여러 마리말에 번갈아 태워 고어웨이 해안까지 가서 거기에 대기시켜 논 요트를 타고 스카이 섬에 도착하면 그의 친구가 그들을 반갑게 맞아주리라는 것이었다. 사랑의 도피행을 위해 매입한 요트 내부를 거금을 들여 초호화판으로 새로 꾸미고, 처녀가 입고 쓸 값비싼 옷과 화장품 등 까지 사 놓은 다음, 처녀와 안면이 있어 낯설지 않을 자기 바레인 성의 하인들이 처녀의 시중을 들도록 그는 만반의 준비를 다했다. 처녀를 납치할 준비를 착착 진행시키는 동안에도 카든씨는 계속 처녀가 가는 곳마다 따라다녔다. 처녀와 처녀의 가족이 파지에 가면 그도 따라가서 처녀의 주변을 맴돌았고 처녀의 일행이 아일랜드로 돌아가면 그도 돌아갔다. 드디어 처녀를 납치할 준비가 다 되었으나 뜻하지 않은 사고로 그 실행이 지연된다. 처녀가 말을 타다 발목을 삐게 된 것이다. 처녀의 집을 방문할 수 없는 그는 간접적으로 처녀의 소식을 수시로 알아보는 수밖에 없었다. 그러면서 그는 다리를 다친 처녀를 가족들이 잘 보살펴주지 않고 있으리라는 상상 아니 망상까지 한다.

생각하다 못해 그는 처녀의 오빠와 친하게 지내면서 협조를 얻어 보려고 한다. 때마침 오빠가 인도에 가게 되었는데 인도까지 가는 여정 일부를 처녀와 동행하게 될 것을 알게 되자 이 여행 중 오빠가 처녀와 자기를 만나게 해줄 수 있으리라고 그는 믿는다. 그때 그렇게 해서 처녀를 만날 수 있었더라면 처녀를 납치할 계획을 포기했을 거라고 그는 훗날에 말했다. 오빠의 여행 출발 날짜가 되어서도 처녀의 발이 다 낫지 않아 처녀는 오빠와 동행할 수 없게 된다. 절박해진 그는 몇 번씩이나 처녀의 집으로 찾아가 처녀를 좀 만나볼 수 있게 해달라고 간청을 했으나 번번이 거절당한다. 자기와 처녀가 결혼할 수 있게만 해주면 자기의 전 재산을 처녀의 집안에 넘겨주겠노라는 편지를 보냈으나 이 편지는 사태를 악화시켰을 뿐이다.

처녀의 발목이 다 낫자 처녀의 언니가 처녀를 데리고 파리로 가자 그도 따라가지만 이번에는 처녀 가까이 접근하기를 삼간다. 아일랜드로 돌아온 그는 그의 요트를 고어웨이 해안에 정박시킨 다음 해안에 이르는 길 중간 중간에 말들을 대기시켜 놓고 힘세고 믿을 수 있는 장정들을 동원, 만일을 위해 마취약까지 준비한다. 보쌈당해 가는 아가씨들이 흔히 히스테리칼 해질 수 있다는 말을 듣고서.

1854년 그러니까 그들이 처음 만난 2년 후 7월 2일 일요일 마침내 그가 기다리던 기회가 왔다. 그날 아침 처녀의 세 자매가 가정부와 함께 교회 성당엘 간다. 성당 뜰에서 서성거리던 그가 이들을 따라 성당 안으로 들어간다. 빗방울이 떨어지기 시작하자 처녀 일행을 태워갖고 온 마부가 마차를 집으로 몰고 가 덮개 있는 마차로 바꿔온다. 미사가 끝나 처녀일행은 마차를 타고 귀가 길에 올랐는데 그가 말을 타고 달려온다. 그의 행동에 익숙해진 처녀 일행은 아직까진 별로 놀라지 않는다. 그런데 이들이 탄 마차가 갑자기 멈추더니 건장한 젊은이 셋이 길가 고랑에서 뛰어나와 마차를 끌던 말들 고삐를 잡아 풀어버린 다음 마부를 칼로 위협하는 동안 카든씨는 마차 뒷문으로 가서 처녀를 끌어내리려 한다. 처녀일행이 성당 갈 때 타고 갔던 뚜껑 없는 마차였더라면 그는 쉽게 처녀를 잡아챌 수 있었을 텐데 미사 보는 동안 비가 오는 바람에 마부가 덮개마차로 바꿔 논 탓에 일이 어렵게 되고 말았다.

그가 마차 속으로 달려들자 뒷문 쪽에 앉아있던 가정부가 그의 얼굴을 주먹으로 때려 코피가 나면서 피투성이가 된다. 처녀를 끌어내리기 전에 이 황소 같은 가정부를 처치해야겠다는 생각에서 그는 가정부를 마차에서 길가로 떠다밀었다. 이 순간 그의 부하들은 그 즉시 납치 대상인 처녀를 가정부로 잘못 알고 가정부를 들어다 근처에 대기시켜 놓았던 마차에 실었다. 이러는 동안 처녀의 언니가 마차에서 뛰어내려 집으로 달려가 도움을 청하자 하인들이 마부와 합세해 카든씨의 괴한들과 싸우기 시작한다.

가정부와 처녀의 언니가 빠진 마차에 남게 된 처녀와 처녀의 동생 두 자매 중 우선 동생을 마차 밖으로 끌어낸 다음 처녀를 끌어내려는 순간 그는 머리 뒤통수를 몽둥이로 맞고 나가동그라진다. 그러면서도 카든씨는 안고 있던 처녀를 다치지 않도록 조심스럽게 의자에 내려놓는다. 처녀의 저택에선 하인들이 있는 대로 몰려나와 합세를 하게 되자 카든씨는 부하들에게 미리 마련해주었던 총을 쏘라고 한다. 그러나 이미 중과부적으로 그는 말을 타고 그의 부하들은 처녀 집 가정부를 실은 마차로 도망간다. 그러다가 경찰추격대에게 잡혀 카든씨는 감옥에 갇힌다. 이 소식이 퍼지자 많은 사람들, 특히 부녀자들이 감옥 입구에 몰려들어 그를 영웅으로 추켜 환호했으며 아일랜드의 모든 지주들이 크게 동정하여 감옥으로 그를 방문, 그의 구애가 앞으로 성취되기를 빌어주었다. 그의 재판은 당시 굉장한 인기가 있어 아일랜드의 귀족 집안 부인들과 딸들이 방청석을 얻으려 애썼다. 참으로 사랑은 동서고금 누구의 가슴 속에나 있는 꿈 아니런가.

납치, 납치미수, 폭행상해죄, 세 가지 죄목으로 그는 재판 받았다. 재판 받으면서도 처녀가 재판정에 증인으로 나와 처녀를 가까이 볼 수 있는 것만을 그는 기뻐했다. 그는 자기 변호인에게 자기는 사형언도를 받아도 좋으니 유리한 증언을 받아내기 위해 처녀를 괴롭히지 말라고 했다. 처녀는 추궁이나 심문을 받지 않았는데도 사실대로 그가 마차에서 자기를 끌어내리지 못했다고 증언을 해 납치미수죄만 그에게 적용되어 그는 중노동의 2년 징역형을 받았다. 첫째 죄목 납치와 함께 셋째 죄목 폭행상해죄도 방청객들이 너무 심하다고 분노하는 바람에 배심원들이 무죄평결을 내렸다. 재판장은 그가 다시는 처녀를 괴롭히지 않겠다는 각서를 쓰면 그를 석방해주겠다고 했으나 처녀를 그가 포기한다는 것은 그로서는 상상조차 할 수 없는 일이었다.

각서를 쓰느니 차라리 크리미아 전쟁에 사병으로 자원입대 출전하겠노라고 했으나 허락되지 않아 그는 2년의 징역살이를 했다. 1856년 형을 다 산 그는 그의 출옥을 환영하는 무리를 피해 조용히 형무소를 떠났다. 세상 사람들이 낭만적인 영웅으로 자기를 치켜세워도 그는 이런 인기에 관심 없었고, 재판 받는 동안에도 그랬지만 그 후에도 언제나 처녀와 처녀의 가족들에게 죄송하다 사죄하면서도 처녀를 한시도 잊거나 포기하지 않았다. 그는 처녀의 오빠를 인도로 찾아가 처녀와의 결합이 이루어지도록 좀 도와 달라 간청했으나 허사였고 아일랜드로 돌아와 처녀 집안 어른들에게 재삼, 재사 청을 드려봤으나 소용없었다. 이렇게 끝까지 그가 처녀를 단념할 수 없었던 것은 처녀가 마음속으로는 자기를 남모르게 사랑하고 있을 것이라는 확신이랄지 망상을 계속 키워 나갔기 때문이었으리라.

처녀 집안에서 일하던 한 하녀가 어떤 이유에선지 쫓겨나자 이는 필시 자기한테 비밀로 보내는 처녀의 편지를 하녀가 갖고 나오다가 발각됐기 때문일 것이라고 단정한 그는 이 하녀를 만나 확인해보려고 했다. 이런 그의 약점을 이용하려는 하녀의 한 친척이 거짓말로 자기가 처녀와 자주 몰래 연락이 있는데 실은 처녀가 카든씨를 열렬히 사랑하고 있을 뿐만 아니라 그를 미치게 보고 싶어 한다고 그에게 말해줬다. 이로 인해 카든씨와 처녀는 다시 법정에 서게 되었고 처녀는 판사 앞에서 카든씨를 혐오하고 두려워하기 때문에 다시는 보기를 원치 않는다고 진술했다. 따라서 카든씨에게는 앞으로 처녀를 더 이상 괴롭히지 말라는 법원의 접근금지 명령이 떨어졌다. 그러나 처녀의 법정진술조차 처녀의 진심이 아니고 처녀의 가족들이 강요한 것으로 믿었음으로 그에게 법원명령은 아무 효력 없었다.

그 후로도 여러 해를 그는 처녀가 가는 곳마다 그림자처럼 따라다녔다. 그러던 어느 날 파리에서 그는 처녀가 혼자 있는 방에 들어갈 수 있었다. 처녀와 단 둘이 되어보기는 처음이었다. 처녀는 카든씨 보고 단호하게 말했다. 이 방에서 당장 나가달라, 안 그러면 자기가 나가겠다고. 아무 말 없이 그 방을 나와 그는 아일랜드로 돌아왔다. 그리고는 행여나 처녀가 찾아올까하여 그날을 대비해서 자기 바레인 성 내부를 대대적으로 개조하고 터키식 목욕실을 비롯해 온갖 호화시설을 다 갖춰놓았다.

이렇게 처녀가 자기를 찾아줄 날만 기다리며 살다 그는 1866년 세상을 떠났다. 한편 처녀는 아일랜드 사람들로부터 무정하고 교만한 여자라고 욕을 먹고 마음대로 밖에 나다니지도 못하게 되었다. 카든씨 말고 구애하는 남자도 없어 끝내 아무 하고도 결혼 못한 채 독신으로 스코틀랜드에 사는 여동생의 집에 가서 조카들 가정교사로 있다가 죽었다. 카든씨의 처녀납치사건에 대한 반응은 아일랜드와 영국이 판이했다. 영국언론에선 풍자 섞인 조롱조로 이 사건으로 유명해진 카든씨의 인기를 꼬집었다. 수세기에 걸친 영국의 식민지 백성인 아일랜드 사람들의 다혈질적인 야만성의 한 표본이라며 이러한 원시적 구애법이나 관습이 개명된 영국에까지 전염병 같이 파급되어서는 안 된다는 것이었다. 특히 영국의 전통적인 귀족계급의 유산 상속녀 신붓감들이나 이들의 후견인들에게는 경종이 아닐 수 없었다.

유괴 행위가 돈 많이 들고 정중 복잡한 결혼식 절차보다 얼마나 값싸고 간편한 수단이 되겠느냐고 비꼬는 영국 여론에 아랑곳없이 이 사건은 세월이 가도 잊히지 않고 모든 아일랜드 사람들이 즐겨 부르는 수많은 민요를 통해 전해오면서 만인의 심금을 울려준다. 이 사건을 소재로 삼은 노래의 하나로 퍼시 프렌치란 사람이 지었다는 '바레인 성 샘터에 앉아'가 있다.

나 바레인 성 샘터에 앉아
그 사내를 그려보네.
제멋대로 고집 세고
애틋한 환상에 사로잡힌
가엾은 그 사내를.

너무도 아름답고 매력 있는
그 처녀를 잊지 못해
헤일 수 없이 수많은
미행과 납치 계획으로
지새우며 보낸 밤과 나날들
잘 달리는 말들과
초호화판 요트
그의 전부를 다 바쳐
그의 목숨과 삶을 건
도박이요 모험이었지.

이렇게 일편단심으로
추구한 이 한 가지 행복을
그는 놓치고 말았네.
그의 생명보다 소중했던

바로 그 처녀가
그의 짝이 되지 않겠다고
그녀의 작은 두 주먹으로
그를 두들겨 패는 바람에.

오, 태곳적 옛날에
사랑을 했던 우리 조상들은
이렇지 않았었지.
선사시대 원시인들은
이러쿵저러쿵 말할 것도 없이
좋아하는 처녀를 덥석 안아
제 동굴로 가는 것이
관습이었지
죄가 아니었다네.

내가 재판장이었더라면
난 그 사내를
감옥에 넣지 않았을 거야.

내가 비록 그 사나이처럼
용감무쌍하고
날 사로잡을
아름답고 매력 있는
처녀를 만나지 못했다 해도
그 처녀를 위해 파논
이 사랑의 샘가에 앉아
그 사내가 못다 부른
이 노래를 불러보네.

그 사내가
그 처녀를 위해
헛되이 지은
이 사랑의 성터에 앉아
어쩌면 이 세상보다
더 아름답고
신비로운 세상에서
그들이 다시 만나는
상상을 해보네.
그곳에는 그 사내를 태울
정열의 불꽃 태양이나
그 처녀를 두려움에 떨게 할
얼음바다가 없을는지 몰라도.

삶, 사랑, Sex는 같은 것 몸 따로 마음 따로 아니지

단세포의 원생동물 아메바는 성생활Sex 없이 얼마나 오랫동안 견딜 수 있을까? 이 같은 의문이 조크처럼 들릴는지 몰라도 실은 과학적으로 아주 흥미로운 사안事案이다. 그 최근의 해답은 대부분의 전문가들이 생각했던 것 같이 오랫동안이 아니란 것이다. 여러 종種의 생물이 Sex 없이 여러 세대를 두고 지낼 수 있다고 또 어떤 것들은 전혀 Sex를 모른다고 생각되었었다. 예를 들자면 도마뱀, 진드기와 단세포 원생동물들이 새끼의 유전인자에 이바지하는 양성兩性, 자웅雌雄의 진화적 혜택에 관해 과학자들이 더 많이 알게 되면서 이 같은 무성無性 생물의 존재가 더욱 더 수수께끼가 되었었다. 그런데 최근의 한 연구 조사결과로 이 수수께끼가 풀리게 된 것 같다.

'유전Heredity'이란 저널 학술지에 발표한 한 팀의 프랑스 학자들 보고서에 따르면 그들이 발생유전학적인 변이양식變異樣式을 연구조사해본 결과 그동안 무성無性이라고 생각되어온 아메바에서 성적 생식작용의 증거를 포착 발견했다는 것이다. 유성有性생물의 경우, 양성의 성교 중 배란과 정충 같은 유전인자들이 결합되나 무성의 아메바에 있어서는 유전인자의 결합, 혼합 없이 하나에서 둘로 단순 분리 되는 과정에서도 유성의 종種에서 나타나는 것과 같은 발생유전학적 변이양식을 볼 수 있다고 한다. 이 같은 연구 보고에 대해 영국학술원 교수로 옥스퍼드대학의 성 진화에 관한 권위자 윌리엄 해밀톤 박사는 아메바도 무성이라기보다 성적으로 더 좀 내밀한 것으로 봐야할 것이라고 했다.

우리말에 자웅인 은행나무처럼 서로 사랑하면서도 교섭을 갖지 못하는 남녀의 처지를 가리켜 '은행나무 격'이라 하지만 그런 은행나무도 서로 마주 보면 열매 맺지 않던가. 하늘을 봐야 별을 딴다고 하듯이……. 그러고 보면 세상엔 성性이 없는 중성, 아니 무성이란 없다고 봐야 한다. 여자다운 맛이 없는 걸걸한 여자나 여자 같은 남자 또는 속이 꽉 막힌 꽁생원이나 보수적이고 고루한 샌님은 있을 수 있다 하더라도.

천지 우주만물의 음양배합이 그렇고 밀물 썰물 조수의 들고 나는 것이 그러하며 요철의 오목함과 볼록함이 그렇지 않은가. 해가 뜨고 지는 것이 그렇고 사람이 자고 일어나는 것이 그러하며 만물이 태어나고 죽는 것이 그러하다. 사람이 물에 빠져 죽으면 남자는 엎드리고 여자는 누우며, 총살을 당해도 남자는 엎어지고 여자는 자빠진다 한다. 그러고 보면 낮과 밤이 어울려 하루가 되듯 남자 여자, 암컷 수컷 둘이 아니 두 반쪽이 어울려 '하나'님 되어 계속해서 만물을 새로이 날이면 날마다 아니 밤이면 밤마다 창조해나가는 것이리라. 그러한즉 성 이야말로 모든 것의 알파요 오메가, 그 처음과 마지막이 아닌가 한다. 또 그런즉 삶과 사랑과 Sex는 삼위일체 신성神性의 신성불가침으로 불가분의 같은 하나인 것이다.

사람들이 흔히 또는 흔흔欣欣히 외도니 오입이니 하는데 무엇이 오입이고 무엇이 정입인가 자문해 본다. 하고 싶은 공부, 하고 싶은 일, 하고 싶은 사랑을 하는 것이 정도요 정입이라면 하기 싫은 짓 하는 것이 외도요 오입 아니겠는가. 그런데도 세상 사람들은 하기 싫은 일 하는 것이 정도요 하기 좋은 짓 하는 것을 외도라고 한다. 몸과 마음이 같이 놀 때가 정상이라면 몸 따로 마음 따로 놀 때가 이상일 텐데 말이다. 남녀 간 서로 진정으로 사랑하는 사람끼리만 성교가 가능하도록 그리고 그런 사이에서만 사랑의 결실結實인 어린애가 생기도록 조물주가 사람을 만들었더라면 돈으로 몸을 사고파는 매음행위나 폭력으로 벌어지는 강간 또는 시행착오로 빚어지는 이혼 사태도 있을 수 없고 가정불화나 가정파탄으로 죄 없는 자식들이 받아야 하는 고통과 슬픔도 없지 않았겠나 하며 나는 하느님을 원망한 적도 있다. 허나 만약 그랬었더라면 세상의 모든 남녀가 각기 가슴 설레며 미지의 제 짝을 찾아 헤매는 스릴과 서스펜스, 흥분과 기대, 자극과 재미가 없어 살맛이 안 났었을는지 모르는 까닭에 역시 과연 조물주가 잘했다고 그래서 지금 이대로가 최선일 것이라는 결론을 얻었다.

어디 우리 생각 좀 해보자. 몸으로는 외도를 안 하면서도 마음속으로 늘 딴 남자, 딴 여자 생각하며 사는 경우, 심지어 부부간에 성교를 하는 순간에도 남편 아닌, 아내 아닌 딴 사람 생삭한다면 이야말로 진짜 외도요 간통이다. 그 반대로 폭력으로 강간당했을 경우 그렇다고 애인을, 약혼자를, 배우자를 버리는 남자들이야말로 버러지 똥구더기만도 못한 사람들이다. 또 마음속으로는 자나 깨나 허깨비 예수를 사랑하면서 어떻게 다른 남자와 결혼해 성교하며 살 수 있을까. 어느 한 소녀는 친구나 가족, 선생님 그 누구에게 보내는 카드이건 제 이름을 사인할 때 꼭 '내 안에 계신 예수님께서 당신을 사랑합니다.Jesus in me loves you.'라고 적는다. 이 소녀가 커서 시집갈 때도 신랑보고 그런다면 그 남자가 게이나 동성연애 하는 호모가 아니라면 질겁하고 달아나지 않을까. 차라리 그럴 바엔 수녀가 되어 예수한테만 몸과 마음을 다 바칠 일이지.

성격분열증 또는 정신분열증이라고 하는 심리학 의학 용어가 있지만 이렇게 심신이 분리되는 일종의 정신심리병을 말하는 것 아닐까. 살아있는 생사람을 분해하여 생체해부를 하노라면 그 사람의 생명은 이미 온데간데없고 죽은 시체 송장만 남듯이 사람에게서 그 속 알맹이 핵심, 심혼이 빠져나가고 보면 남은 것은 빈껍데기 허물뿐이 아닐까. 그리고 여자나 남자가 제 남편이나 부인을 떠나 딴 남자 딴 여자와 정을 통하면 새 사람이 새 짝이고, 옛 배우자와는 이미 남남이 된 것 아닌가. 그렇다면 정부情夫-情婦란 말이 있을 수 없지 않을까.

사랑이 손짓해 부르거든

사랑은 다시 말해 참사랑은 반쪽일 수가 없다고 생각한다. 전적으로 사랑하든가 말든가, 영어로 말해서 ALL OR NOTHING이지, 상반신 하반신 몸과 마음을 나눈다는 것부터 무리고, 머리끝부터 발끝까지 좋든가 싫든가 할 수밖에 없다. 어떤 사람이 좋으면 무조건 그 사람의 전부가 다 좋고, 그 사람이 어떤 옷을 입고 (아니면 벗고) 어떤 헤어스타일을 하든 웃어도 예쁘고 울어도 예쁘지 않던가? 그래서 예부터 고운 사람 미운데 없고 미운 사람 고운데 없다는 뜻으로 애인무가증愛人無可憎이요, 증인무가애憎人無可愛라 하는 것이리라. 남녀가 이렇게 절대적으로 무조건 좋은 제 진짜 짝끼리 만나 죽도록 서로 사랑하는 것이 진짜 정도이고 진짜 사는 것이지 그렇지 않은 관계는 모두가 가짜이며 외도이고 오입이 될 수밖에 없지 않을까? 이렇게 상대를 진정으로 사랑할 때는 상대의 단점과 불행까지도 사랑하게 되고 정사情事는 물론 정사情死까지 가능한가 보다. 그리고 이런 사랑은 자연발생적인 것이지 마음먹어 될 일도 아니고 결코 억지 부릴 일이 아니다. 여기서 우리 칼릴 지브란의 말 좀 들어보자.

사랑이 손짓해 부르거든
비록 험하고 가파르더라도
그 길을 따라가라.

사랑이 품어주거든
비록 다치더라도
네 몸을 맡기라.

사랑은 너를
높여주기도 하지만
낮추기도 하고
사랑은 네 나무를
키워주기도 하지만
그 가지를 치기도 한다.
어린 가지 어루만져주기도 하지만
그 뿌리 흔들어주기도 한다.

사랑은 널 곡식단처럼 거둬 모아
도리깨질해서 벌거벗기고
체로 쳐서 껍질 벗기고
맷돌로 갈아 희게 만들어
말랑말랑해지도록 반죽해
불에 구워 빵 만들어서
삶의 잔칫상에 올려준다.

이렇게 사랑은 너 스스로
속마음 마당질해서
삶의 낟알이 되게 해준다.
그러나 네가 사랑의
괴로움과 슬픔을 꺼려
쉽고 즐거운 사랑만 찾겠다면
어서 벌거벗은 몸 가리고
사랑의 타작마당에서 벗어나
봄 여름 가을 겨울
없는 곳을 찾아가라.

그렇지만 그곳에서는 네가
웃어도 한껏 웃어보지 못하고
울어도 한껏 울어보지 못하리라.

사랑은 사랑 말고 다른
아무 것도 주지도 받지도 않는다.
그 누구를 소유하지도 않고
그 누구에게 소유되지도 않으며
사랑은 언제나 사랑만으로 족하다.

네가 누구를 사랑할 때
사랑이 내 가슴속에 있다 하지 말고
사랑하는 가슴속에 내가 산다 하라.

네가 사랑의 길잡이 될 수 있다고
생각하지 말라.
사랑이 보기에 네가 사랑스러우면
사랑이 네 길잡이가 되리라.

사랑은 사랑을 이루는 것 말고
바라는 것 아무 것도 없다.

숨 쉬듯 짓는 죄

옛날 초등학교 다닐 때 나는 잠자리를 잠자리채로만 잡지 않고 둘째손가락으로도 잡았었다. 책에서 읽었는지 선생님한테서 들었는지 기억이 확실치 않지만 잠자리는 수도 없이 많은 눈을 갖고 있다고 했다. 머리와 얼굴이 거의 전부 다 눈이라는 것이었다. 울타리에 앉아있는 잠자리를 보면 가만 가만 접근해 근처까지 가서 손가락으로 천천히 처음에는 커다랗게 잠자리 주위로 원을 그리기 시작, 점점 작게 나사모양으로 빙빙 나선상螺旋狀 그물을 쳐나갔다. 그러면 그 많은 눈으로 내 손가락 끝을 따라 또한 빙빙 돌아가던 잠자리가 어지럼증을 타서인지 얼이 빠져 날아가지 못하고 있다가 잡히곤 했었다.

그 후 중학교 생물 시간에 구아사과溝牙蛇科에 속하는 독사의 하나로 아프리카, 대만, 말레이시아, 필리핀, 인도 등지에 분포하며 개구리, 쥐, 새 등을 잡아먹는다는 코브라 이야기를 듣고 궁금증이 생겼다. 개구리나 쥐는 몰라도 어떻게 새가 뱀한테 잡혀 먹힐까. 나뭇가지에 앉아있다가도 얼른 날아가면 될 텐데 말이다.

선생님이 설명해주셨는지 혼자 궁리궁리 해본 것인지 또한 기억이 확실치 않지만 코브라가 새를 쳐다보며 긴 혓바닥으로 날름거리면 이를 내려다보던 새가 홀리다 못해 혼이 빠져 정신을 못 차리고 날아갈 능력이 마비된 채 떨어져 뱀의 밥이 되고 말리라는 풀이로 그 해답을 얻었다.

또 그 후로 한국동란을 겪은 뒤 어느 누구의 체험담인지 수기를 읽어보니 사람이 총살당할 때 총알 맞기도 전에 미리 겁먹고 죽는 수가 있다고 했다. 물론 그렇게 미리 놀라 총소리에 정신을 잃고 쓰러졌다가 얼마 후 정신이 들어 살아난 사람도 있었을 것이다. 우리말에 토끼가 제 방귀소리에 놀란다고 아마 내가 서너 살 때 일이었으리라. 두 살 위의 작은 누이와 연필 한 자루 갖고 내 꺼다 네 꺼다 싸우다가 마지막에는 약이 오를 대로 오른 내가 사생결단이라도 하듯 너 죽고 나 죽자며 누이의 손등을 연필로 찔렀다. 그러자 연필심이 부러지면서 누이의 살 속에 박혀버렸다. 그런데도 누이가 어린 동생하고 싸웠다고 야단은 누이만 맞았다. 문제는 그 다음이었다.

연독鉛毒이 몸에 퍼져 작은 누나가 죽게 되면 그 당시 일정시대 일본순사(경찰관)가 와서 날 잡아갈 것이라는 겁에 새파랗게 질린 나는 순사가 우리 집 대문 두드리는 소리 나기 무섭게 미리 죽어버리리라, 그렇게 마음먹고 집에 있던 엽총 총알 만드는 납덩이를 하나 손안에 꼭 쥐고 있었다. 그때 만일 순사인지 아닌지 확인도 안 하고 누가 대문 두드리는 소리만 듣고 그 납덩이를 꿀꺽 삼켰더라면 나의 삶이 아주 일찍 끝나 버렸을는지 모를 일이다. 그 후로 내 몸에는 몇 군데 흉터가 생겼다. 젊은 날 척추 수술을 받고 허리에 남은 큰 수술자리 말고도 바른 쪽 손등과 왼쪽 눈 옆에 흉터가 남아있다. 눈 옆에 난 흉터는 중,고등학교 시절 내가 한때 예수와 교회에 미쳤을 때 교회 목사님들의 설교로 사람은 다 죄인이고 매 순간 순간 생각으로 숨 쉬듯 짓는 죄를 회개하라고 하시는 말씀을 그대로 따라 길을 가면서도 수시로 눈을 감고 기도하며 회개하다가 길가에 있는 전봇대 전신주를 들이받고 이 전주에 박혀있던 못에 눈 옆이 찢어져 생긴 것이다. 그 즉시로 회개하지 않으면 당장 영원히 꺼지지 않는 지옥불에 떨어지는 줄 알고. 그때 눈 옆이 아니고 눈을 찔렸더라면 나는 애꾸눈 장님이 되고 말았으리라.

그리고 손등에 난 흉터는 네댓 살 때였다. 장난이 너무 심하다고 일곱 살 위의 큰 누나가 나를 혼내주려고 앞마당에 있는 장독대 밑 컴컴한 지하실에 가두자 그냥 있다가는 그 지하실에서 영영 나오지 못하고 죽는 줄 알고 다급하고 절박한 나머지 주먹으로 지하실 유리 창문을 깨는 바람에 생긴 것이다. 이와 같이 사람이나 동물이나 너무 눈앞에 어른거리는 현상에만 집착 현혹되다가는 얼마든지 쉽게 벗어날 수 있는 궁지에서 빠져 나오기는커녕 그 수렁에 더 깊이 빠져 들어가는 것 같다. 흔히 여자고 남자고 기왕에 버린 몸하고 될 대로 되라 자포자기 하는 수가 많지만 어쩌다가 실수로 아니면 신수가 사나워 어떤 불행이 닥치더라도 이를 더 큰 불행을 예방하는 하나의 예방주사를 맞는 액때움으로 삼을 수 있지 않을까. 좀 짓궂게 얘기해서 가령 너무 웃다가 또는 오래 참다가 오줌을 찔끔 쌌다고 하자. 그렇다고 똥까지 싸고 주저앉아 뭉갤 필요는 없지 않겠는가.

리비도libido 가슴 뛰는 대로

최근 시집 '사람'이 한국시인협회를 생각하는 시인들의 요구와 인물 선정 기준과 특정 인물에 대한 미화 논란을 잠재우기 위해 10일 만에 퇴장했다는 보도와 프랑스가 동성연애를 인정하는 14번째의 국가로 등장했다는 뉴스가 아주 대조적이다. 볼테르라는 필명의 프랑스 풍자 계몽사상가 프랑솨 마리 아루에는 그의 '철학적인 편지들'에서 관용과 자유의 이름을 걸고 기존 질서의 악습과 폐해를 지적한다. 그는 어조는 온건하나 대담한 표현의 자유를 구사, 억압적인 종교의 획일성, 교회의 막대한 재력과 권력, 왕정의 압제와 횡포, 귀족의 특권과 사치를 신랄하게 비판하면서 같은 국민으로서 귀족과 평민의 동등한 사회적 지위, 공평한 세제, 그리고 예술과 과학의 자유로운 탐구를 촉구한다. 그 자신은 그 누구 못지않은 신념과 용기와 정열의 사나이였으나 그는 신념 껏 용기 있게 열정적으로 말한다. 그대가 말하는 것에 동의하지 않고 의견을 달리 할지는 모르나 나는 내 목숨을 걸고 그대가 그대의 의견을 말할 권리를 지키고 옹호하겠노라고…….

몇 년 전 무가지無價紙 AM뉴욕 메트로 뉴스 1면 톱 사진이 인상적이었다. '사랑은 사랑이다.LOVE IS LOVE'란 플래카드를 양쪽에서 들고 있는 두 남자는 60여 년을 서로 사랑하며 같이 살아온 동성애자들이라는 사진설명이었다. 이 사진을 보면서 이성 간이든 동성 간이든 심리적으로 사랑은 사랑이라면 생리적으로 사랑love의 상징적인 글자 'o'은 '구멍은 구멍이다.HOLE IS HOLE' 아니겠는가하고 자문하면서 나는 실소를 금치 못했다. 인생이란 생각하는 사람에겐 희극이고 느끼는 사람에겐 비극이다. 이런 말이 옛날 희랍격언에 있다. 어렸을 때 산에 올라가 밑을 내려다보면 사람들이 개미처럼 아주 조그마하게 보였었다. 그리고 국군의 날 군인 아저씨들이 시가행진하는 것이 병정놀이 같았다. 결혼 후 여름 바닷가에 가서 아이들과 놀 때면 어른들이 돈 많이 벌겠다고, 유명해지겠다고, 감투 쓰겠다고 애쓰는 것이 어린아이들이 열심히 모래성 쌓는 것과 다를 바가 없지 않을까 하는 생각이 들었었다. 다른 아이들처럼 어렸을 때 인정이 많아서였는지 나도 점심을 못 가지고 오는 반 친구가 있으면 같이 나눠 먹고 때로는 도시락째 주기도 했다. 길을 가다가 헐벗은 거지를 보면 입었던 옷까지 벗어주고 집에 돌아와서 어머니한테 야단맞곤 했던 기억이 있다. 명절 때면 가난하고 어려운 사람들이 더욱 가엾게 느껴졌다. 추석 다음날엔 학교 변소가 초만원이었다. 평소에 잘 못 먹다가 모처럼 기름진 음식을 먹었거나 과식한 탓이었으리라.

좀 더 생각해보면 한국동란 때 어른들의 전쟁놀이로 얼마나 많은 사람들이 목숨을 잃고 다치며 수많은 비극과 엄청난 불행이 닥쳤는지 모른다. 다른 사람들 얘기는 그만두고라도 내가 겪은 일들만으로도 인생이 비극인 동시에 희극인 것을 나는 알았다. 해방 전 학교에서 공출한다고 칡넝쿨을 걷으러 산비탈을 기면서 손과

발, 팔 다리가 가시에 찔리고 피투성이가 됐던 일이 아직도 기억에 생생하다. 하루는 학교 방공호 속에 들어가 이를 잡아서는 종이봉지에 담으라고 했다. 많이 잡는 아이에게는 상까지 준다고 해서, 나는 남보다 더 많이 잡아보겠다고 한 손에 종이봉지를 들고 또 한 손으로만 이를 잡는 대신 종이봉지를 입에 물고 두 손으로 부지런히 잡아넣었는데, 시간이 다 돼서 선생님께 드리려고 종이봉지를 들여다보니 이가 한 마리도 없는 게 아닌가. 나중에 생각해보니 추운 겨울날 내복을 벗어 이를 잡으니 이도 추위를 못 견디고 따뜻한 곳을 찾아 내 입속으로 기어들어갔음에 틀림이 없다.

이런 일들을 돌이켜 보면 모두 희극이고 느끼자면 다 비극 아니겠는가. 아마 느끼기를 너무 심하게 했더라면 나는 벌써 오래전에 인생을 비관해 염세자살을 하고 말았으리라. 반대로 인생이 희극일 뿐이라고 생각했더라면 허무주의nihilism에 빠져 케세라 케세라 될 대로 되라며 취생몽사醉生夢死했으리라. 그러나 내 나름대로 진지하게 열심히 살아온 데는 일찌감치 내가 제3의 결론을 얻었기 때문인 것 같다. 인생은 물론 희, 비극임에 틀림없지만 그보다는 모험이란 생각에서 매사를 탐험하듯 용기와 신념을 갖고 열정으로 살아왔다. 남들이 다 안 된다고 엄두도 못내는 일이면 더욱 해볼 마음이 생겼고 아무도 생각조차 못해본 일일수록 더 해보고 싶었다. 남들이 이미 닦아놓은 길을 따라가기보다는 새로 길을 만들어 가면서 살아보고 싶었다.

어차피 인생이 소꿉놀이 같다면 이런들 어떠하고 저런들 어떠하겠는가. 그리고 매사에 너무 심각할 것도 없지 않을까. 그래도 각자 제 멋대로 제 마음대로 제 가슴 뛰는 대로 살아보는 것 이상 없지 않겠나 싶다. 프로이드도 성욕 애욕을 의미하는 '리비도libido'가 삶의 원동력이라고 했다지 않는가.

요행僥倖 세런디피티serendipity

한치 앞을 내다볼 수 없는 불안 심리에서일까. 우리 모두 의식적이든 무의식적이든 간에 한 가지 개념에 매달리게 되는가 보다. 이 개념을 대표하는 것으로 요행僥倖, 영어로는 세런디피티serendipity라는 단어를 떠올리게 된다.

몇 년 전 런던에서 실시된 여론조사 결과에 따르면 영어에서 가장 인기 있는 단어로 serendipity가 뽑혔다. 예수와 돈이라는 단어는 공동 10위다. 자, 그럼 이 단어의 뜻과 그 유래를 살펴보자. 저 인도양에 있는 섬나라 실론(1972년 스리랑카로 개칭됨)으로부터 세 공주가 이상한 나라로 여행을 하고 있었다. 그런데 잃어버린 낙타를 찾고 있는 남자를 만났다. 오는 길에 낙타를 보진 못했지만 그들은 낙타의 주인 남자에게 물었다. 찾고 있는 낙타가 한쪽 눈이 멀지 않았느냐고, 이가 하나 빠져 있지 않느냐고, 다리를 절지 않느냐고. 놀랍게도 대답이 그렇다는 것이었다. 다 사실이라고. 그러자 그 낙타가 등 한쪽에는 버터를, 다른 한 쪽에는 꿀을 짊어지고 있을 것이고, 그뿐만 아니라 한 여인이 그 낙타를 타고 있는데 아마도 그 여인은 애를 밴 상태일 것이라고 공주들이 짐작하는 것이었다. 이처럼 정확히 알아맞히는 것을 보고 낙타주인이 이 공주들을 자기 낙타를 훔친 도둑으로 몰자 그들은 대답하기를 단지 길을 주시하면서 길 양 옆으로 고르지 않게 풀 뜯어먹은 흔적과 풀을 씹다가 흘린 장소며 낙타의 발자국 모양과 불편한 자세로 낙타를 타고 내린 동작이며 개미와 파리 떼들이 몰린 방향을 감지했을 뿐이라고 했다.

이 민속동화에서 하나의 대단한 개념이 싹텄다고 미국 프린스톤대 출판부에서 출간된 로버트 K 머튼과 일리노 바버 공저의 '요행의 여정과 모험The Travels and Adventures of Serendipity'은 밝히고 있다. 실론의 고대 이름이 세런딮Serendip이고 앞에 인용한 동화 '세런딮의 새 공주Three Princesses of Serendip'가 영국의 문인 호레이스 월폴에 의해 서구사회에 전해졌다는 것이다. 다시 말해1754년 이 '엉터리 같은 얘기'를 읽고 나서 한 친구에게 보낸 편지에 세런디피티serendipity라는 대단히 의미심장한 단어를 만들어 쓰게 되었노라고 그는 적었다. 그가 처음으로 사용한 이 말의 뜻은 동화 속의 공주들이 찾지도 않았던 사실을 우연히 발견한 방법을 의미한 것이었다.

따라서 이 세런디피티란 '영리怜悧한 우연'이라고 했다. 이렇게 해서 이 단어의 오해, 무시, 부활, 왜곡, 찬사, 논쟁 등으로 점철된 전설 같은 여정이 시작되었다고, 이 책의 저자는 흥미진진하고 재치 있게 많은 사례를 들어가면서 세런디피티의 유래를 추적하고 그 운명을 점치고 있다. 우연한 발견이 과학에 있어서도 결코 우발적인 것이 아니고 필수적인 것으로 인식되게 되었다는 말이다. 예를 들어 뢴트겐은 우연히 사진판에 나타난 현상을 보고 X-레이를 발견했고, 알렉산더 플레밍은 배양된 곰팡이를 보고 페니실린을 발명하게 되었다고. 그러니 실험실이나 제약회사 등도 우연한 발견을 위해 많은 여지를 남겨둘 수 밖에 없다고 한다. 이것이 어디 과학에 한해서 뿐이랴. 우리 삶 전반에 걸쳐 이 요행이란 요소는 예외적인 것이라기보다 설명할 수는 없지만 필수, 필연적인 것으로 순간 순간 우리가 발견, 감사히 누릴 수밖에 없는 것이리라. 요행 만세! 세런디피디 만만세!

유쾌한 행복론

꼭 행복한 사람들은 낙천적이며 지난 일 중에서 좋은 것만 기억하는 등 긍정적인 성향을 갖고 있다는 말은 폴리애너Pollyanna(미국작가, 엘리노 포터의 소설에 등장하는 여주인공의 이름)에서 딴 명랑하고 유쾌한 낙천주의자를 지칭한다. 이처럼 낙천주의자에게는 문제란 없고 해답만 있을 뿐, 해답 중에서도 긍정적인 해답만 있을 따름이다.

매사가 난관이나 곤경이 아니고 새로운 또 다른 기회이다. 개눈에는 똥만 보인다지만 어린 아이 눈에는 별똥 떨어지는 것이 보이듯이 부처의 눈에는 부처만 보인다고 모든 것이 축복이다. 진정한 낙천주의자는 어떤 처지와 상황에서도 더할 수 없이 행복하다. 미국작가 헨리 밀러가 그의 자전적 소설 '북회귀선'에서 난 재산도 희망도 없지만 세상에서 제일 행복한 사람이라고 말했듯 우리말에 광에서 인심 난다고 나 자신부터 행복해야 하고 나 자신의 행복감은 다른 사람 아닌 나 자신 속에서 찾아야 한다. 밖이 아닌 내 안에서 자가발전 시켜야 한다. 내 마음 속에 천국을 보지 못하면 내 몸 바깥세상에서도 찾을 수 없다.

그리고 스위스의 정신분석학자 칼 융이 지적한대로 감정은 전염성이 있어 내 기분이 내 주위 사람들에게도 영향을 미친다. 즐겁게 노는 어린 아이들을 보면 우리 자신도 즐겁지 않은가. 저 남아프리카공화국 출신 맨발의 육상선수 졸라 버드 피에터시가 한 인터뷰에서 말했듯이 그 누구의 비위나 기분을 맞출 필요 없고 나 자신을 만족시키면 되지 않을까. 우리 모두 세상 살아가는데 있어서도 언제나 나 자신을 기준삼아 나 자신부터 기쁘게 할 일이다. 우리 각자 타고난 천재를 갖고 인재가 되어보자는 뜻이다. 이 세상에 태어난 사람이면 누구나 다 하나같이 천재라 할 수 있고 천재의 특징으로 대담무쌍, 자기만족, 일편단심을 들 수 있는 것 같다. 자고로 미인은 용감한 자의 차지 아니더냐. 그래서 예부터 일심불란一心不亂 일심전력一心專力이면 일심만능一心萬能이라 하나 보다. 말하자면 햇볕을 돋보기 렌즈의 확대경을 통해 한 점으로 모아야 불이 붙지 않는가. 어떤 일을 하든 정신과 마음이, 목적과 노력이 분산되지 않고 집중집약 통일돼야 하리라.

발명왕 토마스 에디슨이 천재란 99%의 땀과 1%의 행운으로 빚어진 것이라 했다지만 충분히 대비할 준비만 되어있으면 기회란 조만간 오게 마련이고 기회가 나타나는 순간 즉시 놓치지 않고 잡아 최대한으로 이용할 수 있다. 따라서 사람은 누구나 제 먹는 마음만큼의 인물이 되고, 제 꾸는 꿈만큼의 삶을 살게 되며, 제 하는 모험만큼의 기적을 일으킨다. 쓰는 방법과 수단이 비상하고 파격적일수록 그가 감행하는 만큼 그만큼 비상하고 파격적인 성과를 거둘 수 있다. 그러니 내용만 갖추면 형식은 문제가 되지 않는다. 어떠한 모양과 꼴도 다 괜찮고 좋을 테니까. 어떤 생김새의 그릇이든 그 그릇에 무엇을 담느냐가 중요하지 않은가. 악기로 치면 그 악기로 어떤 소리를 내느냐가 중요하다.

어떤 일이 내 뜻대로 되지 않을 때 결코 낙담낙심하거나 낙담상혼落膽喪魂하지 말고 한번 숨을 크게 몰아 내쉬고는 새로운 더 좋은 기회, 더 큰 가능성을 찾아 볼 일이다. 실로 뜻만 있으면 반드시 길이 있게 마련이고 없는 길도 새로 만들면 된다. 예상 또는 기대 못했던 상상 밖의 길도 나타날 것이다. 길이 나타난다기보다 보이지 않던 길이 찾는 사람 눈에는 꼭 띄고 말테니까. 그것도 엉뚱한 곳에서……. 과학자가 A라는 걸 찾다가 A 대신 그 몇 배로 가치 있는 B를 발견 또는 발명하게 되는 경우가 있듯이 말이다. 결과는 어떻든 언제나 우리 각자 할 수 있는 최선을 다해보는 과정 자체가 너무도 보람있고 신나는 순간 순간이 아닌가. 이 노력하는 즐거움, 예측을 불허하는 미지수의 가능성에 도전하는 스릴과 흥분, 그 쾌감이야말로 이 세상의 그 무엇 하고도 바꿀 수 없는 삶의 기쁨일 것이다.

과유불급過猶不及 (1) 탯줄 끊어주기

과유불급이라고 정도를 지나침은 미치지 못한 것과 같다는 말이 있지만 어쩌면 지나침은 못 미침보다 못한 것 아닐까? 언젠가 한 일간지 모 언론인이 그의 고정 칼럼에서 내리사랑은 있어도 치사랑은 없다는 우리 속담과 쉘 실버스타인의 동화 '아낌없이 주는 나무The Giving Tree'를 인용한 후 인간은 자신의 부모들에게서 얻은 것을 반이라도 아니 반의반이라도 돌려줘야 한다는 채무의식을 갖게 될 때 내리사랑과 치사랑의 본질이 뒤바뀐 현주소에 긍정적인 변화를 꾀할 수 있는 시작이 될 수 있을 것이라고 했는데 나는 좀 달리 생각하고 있다. 내가 보기에는 한국의 많은 어머니들이 자식을 과잉보호하고 특히 아들에 대한 사랑이 지나쳐 혼자서는 아무것도 할 수 없는 의존적인 생병신으로 만드는 경우가 많이 있는 것 같다. 자식이 엄마 뱃속에 있을 때는 몰라도 일단 세상에 태어난 다음에는 한시바삐 육체적인 탯줄뿐만 아니라 심리적, 정신적 탯줄까지 끊어줘 자식들로 하여금 하루 속히 엄마 품과 둥지를 떠나 혼자 나는 법을 배워 자신의 삶을 제 힘으로 스스로 개척하도록 격려할 일이지, 그렇지 않고 좀 심하게 말해서 엄마 뱃속에 자식을 다시 집어넣으려 들면 자식이 숨통이 막혀 질식하지 않겠는가. 본인이 원치 않는데도 자식에게 어떤 학문, 어떤 직업, 어떤 배우자를 강요하는 부모들이야말로 자식을 사랑하고 위하는 것이 아니라 그 정반대로 자식을 해치고 망치는 일이라고 생각된다.

나는 영국에 살 때 크게 깨달은 것이 하나 있다. 영국 엄마들은 길을 가다가 어린 자식이 넘어져도 잡아 일으켜 주지 않고 스스로 일어날 때까지 기다리는 것을 보고 한국 엄마들의 무지몽매함을 통탄 한 적이 있다. 몇 년 전 나는 뉴욕에 사는 어떤 한국 엄마가 대학 다니는 두 아들이 학교 서류에 제때 제자리에 제 이름 사인조차 못할 까봐 사인까지 대신하고 저희들이 포르노 성인비디오를 빌리기 얼굴 뜨거워할까봐 자기가 대신 빌려다 주는 정신병자 같은 경우를 본 일도 있다. 사람은 앞을 보고 살라고 눈이 얼굴에 달렸지, 뒤통수에 달려 있지 않은데 동양의 유교사상 때문인지 우리는 앞을 보고 달리는 대신 조상이다, 부모다, 효도다 뒤만 돌아보고 살아왔으니 발전은커녕 퇴보할 수밖에 없었을 것이다. 자연의 이치가 물은 아래로 흐르게 마련인데 거꾸로 흘러 오르기를 기대하고 강요하며 허례허식에 사로잡혀왔으니 이 얼마나 한심찬란한 일인지 모르겠다. 제발 부모자식 사이에 채권자 채무자 같은 억지는 그만 좀 부릴 일이다. 부모 자신이 좋아서 재미보다 낳은 자식, 키우는 낙으로 키웠으면 그만이지, 어쩌자고 자식더러 뒤만 돌아보고 뒷걸음질하라는지, 이러한 한국의 부모들이야말로 고려장 감이다.

남자의 사랑을 받아주는 것이 여자가 남자에게 제 몸을 아낌없이 주는 것이 되듯 자식은 부모의 사랑을 받아주는 것으로 셈이 끝난다. 여기서 내가 논리의 비약도 서슴지 않는다면 사람들이 흔히 욕으로 쓰는 말이 실은 욕이 될 수 없다는 것이다. 무엇도 못

할 놈, 못할 년이라고 해야 저주가 되지, 세상에서 제일 좋은 일 하라는데 그것이 축복이지 어째서 욕인가. 이것은 우리말뿐이 아니라 영어의 사자성어四字成語four-letter word에서도 마찬가지다. 그러니 진정으로 자식을 사랑하는 어버이다운 어버이라면 자식보고 제 좋은 일 하라고 축복해줄 일이지, 하고 싶은 일 말려서도 안 되지만 하기 싫은 일 시켜서도 안 되리라. 하기 좋은 일만 하기에도 너무 짧은 인생인데 어쩌자고 하기 싫은 일로 인생을 낭비하고 허비하란 말인가. 모든 부모님들이 꼭 좀 기억하고 한시도 잊지 말아주었으면 하는 것이 있다. 다름 아니고 어린이들에게는 어른들이 결코 따라갈 수 없는 천부적 지향성과 자생력이 있기 때문에 앞서가는 애들보고 동으로 가라 서로 가라 할 일이 아니란 것이다.

과유불급過猶不及 (2) 레니의 비극

우리 동양의 육십갑자六十甲子 지지地支 가운데 쥐띠가 왜 제일 먼저일까? 병자丙子년 1936년생 쥐띠로서 나는 자문해본다. 쥐는 가장 영리한 동물이라고 생물학자들은 말한다. 유사 이래 인류와 쥐 사이의 전쟁은 아직도 끝나지 않고 있는데, 쥐를 잡기도 어렵지만 온갖 쥐약조차 큰 효력이 없어 쥐가 독약을 먹고도 생존하는 확률이 높고 더욱 강해지기 때문이란다. 또한 쥐의 번식률이 놀라워 인간이 쥐를 잡아 죽이는 속도보다 더 빠르게 새끼를 치는데, 암컷 한 마리마다 일 년에 네 번씩 한 번에 다섯 마리부터 스물 한 마리까지 낳고, 이 새끼들은 또 제 각기 4개월이면 제 가족을 갖게 되며 이들의 새끼들은 4개월 후엔 또 다른 새끼들을 친다.

따라서 뉴욕만 해도 뉴욕 인구와 맞먹는 숫자의 쥐가 서식하는 것으로 추산된다. 2차대전 당시 독일이 쥐를 이용, 전 유럽에 전염병을 퍼뜨릴까봐 걱정했듯이 9 · 11 사태 이후 미국 정부는 알카에다가 쥐를 통한 병균을 확산시킬 것을 우려, 전전긍긍하고 있는 실정이다. 그래서일까 일찍이 노벨문학상 수상작가 존 스타인백은 그의 작품 '생쥐와 인간'에 등장하는 인물 레니를 통해 우매한 인간의 비극을 너무도 사실적으로 묘사하고 있다. 이 작품은 작은 자기 집과 농장을 갖겠다는 단순한 꿈을 좇는 두 떠돌이 일꾼의 비극적인 이야기다.

조지는 거인의 몸과 힘을 가졌으나 어린애의 두뇌를 갖고 사고만치는 레니가 오페라 막이 오르면서 경찰로부터 쫓기고 있다. 둘 사이가 언제나 그렇지만 조지는 화를 내고 기분이 상한 레니는 불퉁스럽다가 화해한다. 귀여워하다가 죽인 생쥐 한 마리를 레니로부터 조지가 빼앗아 던져버리자 레니는 항의한다. 쓰다듬을 수 있는 부드러운 것들을 그는 사랑한다면서. 그러자 조지는 레니를 달랜다. 앞으로 다른 애완동물을 구해주겠다고. 그 후로 강아지 한 마리를 얻어 기르게 되는데 레니는 또 다시 부주의로 그 강아지를 죽인다. 그뿐더러 그는 농장주의 바람끼 있는 아내의 부드러운 머리를 쓰다듬다 그만 그녀까지 죽이게 된다. 마지막 장면에선 겁에 질려 벌벌 떨고 있는 레니가 기다리던 조지가 나타나자 둘 사이의 화내고 삐치고 화해하는 의식적인 순서를 밟은 후 목장주와 일꾼들이 다가오는 소리를 듣고 놀라는 레니를 조지가 안심시킨 다음, 어차피 그들에게 사형死刑을 당해 죽기 전에 조지가 레니를 총으로 쏴 죽인다. 둘이 꿈꾸던 집과 농장이 저 멀리 보인다고 레니가 상상하는 순간에 총소리를 듣고 농장주와 일꾼들이 몰려들면서 막이 내린다.

여기서 레니는 우리 모두를 대표하고 있지 않을까. 뭔가를 또는 누군가를 너무 사랑하다가 사랑하는 대상을 죽이고 마는 우리 자신들을. 지나치게 사랑한다는 것이 상대를 질식시키고 만다는 교훈을 주고 있는 것 같다. 부모자식, 부부, 애인, 친구 간에는 물론 인간과 자연 사이에서도……. 아, 그래서 예부터 우리말에 과유불급過猶不及이라고 정도를 지나침은 미치지 못한 것과 같음이라고 했나 보다.

클짱 아니 빌짱 만세!

정치는 종교가 아니다. 증거에 근거해야지 신학神學에 입각하여 정치를 해서는 안 된다. Politics is not religion and we should govern on the basis of evidence, not theology. 이 말은 지난 3일 빌 클린턴 전 대통령이 자신의 회고록 '나의 삶My Life' 출간을 앞두고 시카고에서 2000여 도서판매업자들을 상대로 한 연설에서 부시 대통령을 염두에 두고 한 발언임이 분명하다. 하지만 부시 행정부를 부정적으로만 볼 것이 아니다. 클린턴은 급변하는 세상에서 새로운 정치적인 패러다임을 찾으려는 현상이라며 지금 일어나고 있는 일들이 미국에서 전에도 있었고 특별히 걱정할 일이 아니다 라며 우리를 안심시킨다. 당시 널리 보도되지는 않았지만 9·11 직후 클린턴은 현재 미국이 겪고 있는 테러에 의한 고통은 미국과 기독교인들이 인류에게 저지른 원죄에서 비롯된 것이라고 주장했었다.

클린턴 전 대통령의 회고록

자신의 모교인 조지타운 대학에서 행한 연설에서 테러는 수백 년 전부터 이 땅에 존재했고, 우리는 노예제도를 기초로 국가를 건설했으며 수많은 노예들이 이유 없이 목숨을 잃었다. 우리는 땅이나 자원을 빼앗기 위해 원주민들을 죽였고 그들을 인간 이하의 존재로 취급했다. 우리는 아직도 그 죗값을 다 갚지 못했다. 첫 번째 십자군 원정 때 기독교인들은 유대인을 교회에 가둬 불태웠으며 예루살렘 신전 언덕에 살고 있던 모든 이슬람 교인들을 살해했다. 중동지역에서는 아직까지도 이 일을 잊지 못하고 있다. 테러범들은 대부분 자율성이 없는 나라에서 집단의식의 미성숙 상태에 빠져있는 사람들이다. 우리는 이런 나라의 어린이들이 학교에 다닐 수 있도록 도와야 한다. 이것이 전쟁보다 훨씬 싸고 효과적인 반反테러 정책이다 라고 말했다.

빌 클린턴은 그의 회고록을 위해 20여 권의 노트북을 필기체로 썼는데 그의 편집인이 한 번은 그가 좋아하는 영화 '하이 눈' 에 대해 길게 쓰지 말라고 했으며 또 한 번은 그가 어렸을 때 미치지 않고 제 정신을 가진 건전한 어른을 만나 보았느냐고 묻더란다. 밥 돌이나 뉴트 깅그리치 같은 옛 정적들에 대해서는 호의적으로 언급했지만 탄핵을 주도한 특검의 케네쓰 스타 검사에 대해 쓰기 전에 스스로의 감정을 가라앉히기 위해 네 시간의 휴식을 취해야 했다고 클린턴은 밝혔다.

먼저 자기 자신을 긍정하라

그는 이 회고록을 두 권의 책으로 봐야 한다고 말했다. 첫째는 자신의 삶과 미국 이야기, 그리고 이 둘이 어떻게 섞여 짜여 있는지, 시골에서 자라 어린 시절 어떻게 정치지망생이 되었는지, 특히 1960년대에 초점을 맞추었다고 한다. 그러면서 1960년대를 뒤돌아 볼 때 좋은 일이 나쁜 일보다 많았다고 생각한다면 아마도 당신은 민주당원이고 그 반대이면 공화당원일 것이라며 그는 관중을 웃겼다. 그 둘째 부분은 그가 대통령직에 있으면서 쓴 일기장 같은 것으로 정책에 관한 내용이 너무 많이 들어 있지만 대통령이 된다는 것이 어떤 일인지 사람들이 이해해주기 바란다고 그는 말했다. 책 속에 그의 어렸을 때 얘기들이 많은데 그 일화로 한 뚱뚱하고 볼품 없이 생긴 버논 선생님 이야기가 있다. 버논 선생님이 어린 학생들에게 말하기를 자신은 '버논아, 너는 참 아름답고 멋있다'라고 스스로에게 하는 말로 하루를 시작한다고 했다. 그래서 클린턴 자신도 매일 아침 거울 앞에 서서 자신을 칭찬하는 것으로 일과를 시작했다고 했다. 그는 또 회고록에 등장하는 어떤 인물들은 가브리엘 가르시아 마르케스(콜롬비아의 노벨문학상 수상작가)의 소설에 나올 만한 인물들이라고 했다.

이 회고록은 9 · 11 사태 이후로 자신의 인생관과 철학이 어떻게 작용해야 하는지에 대해 심사숙고 하는 것으로 끝맺고 있다며 많은 대통령 회고록들이 읽기 지루한데 내 책은 흥미로운 것이었으면 하고 희망한다고 말했다.

삶의 리듬대로 열심히 살자

우리말에 될성부른 나무는 떡잎부터 알아본다고 했듯이 이미 널리 알려진 얘기지만 클린턴은 아주 어려서부터 싹이 파랬던 것 같다. 유복자로 태어나 주정뱅이 계부 밑에서 자라면서 툭하면 계부가 엄마를 때리는 것을 보다 못해 하루는 만취상태로 쓰러져 있는 계부를 보고 어린 (당시 8-9세였던가) 빌이 아주 근엄한 표정으로 내 얼굴 똑바로 쳐다보고 잘 들으시라며 엄중히 경고했는데 계부는 그때부터 두 번 다시 엄마에게 손찌검 하지 않고 다정한 부자 사이가 됐다고 한다. 어린애지만 너무도 당당하고 위엄

있는 기세에 그만 정신이 번쩍 들었었나 보다. 그 후로 빌은 대학 다닐 때 주말이면 수백 마일을 운전해서 암으로 입원해 있는 아버지 병문안을 했었다고 한다. 너무도 인간적이고 인간미 넘치는 빌 클린턴을 그 누가 존경하고 사랑하지 않을 수 있으랴. 어쩌면 우리 모두의 타고난 악동惡童 기질까지 십분 발휘해 삶을 만끽하고 있는 낙천주의자 빌 클린턴이다. 2000년 7월 21일에 있었던 기자회견에서 클린턴 대통령은 다음과 같은 말로 끝을 맺고 골프를 치러 갔었다.

'삶에는 리듬이 있지요. 세상에서 가장 만족하고 행복한 사람들은 삶의 리듬대로 (필자의 말로 바꿔보자면 우리 가슴 뛰는 대로) 가능한 최대한으로 인생을 즐긴답니다. 불평불만에 차서 신세타령이나 하지 않고 저는 열심히 살면서 삶의 축복에 감사할 따름입니다. 여러분 감사합니다.'

크게 될 '클짱' 아니 빌고 빌 '빌짱' 만세! 만만세를 부르자.

(2004년 6월 11일자 미주 판 중앙일보 오피니언 페이지에 실린 나의 글)

자득명自得明 법득명法得明

흔히 '네가 먹는 것이 너다. You are what you eat'라고 한다. 이게 어디 먹는 것뿐이랴. 보는 것, 듣는 것, 읽는 것, 느끼는 것, 생각하는 것, 상상하는 것, 꿈꾸는 것, 믿는 것, 모두 그렇지 않겠는가. 뿐만 아니라 사람들은 각자 제가 보고 싶은 대로 찾는 것만 발견하게 되지 않는가. 극찬을 하는 서평도 있을 테고 악평을 하는 것도 있어 같은 책이 전혀 다른 책이 된다. 무엇을 말하는가는 듣는 사람에 따라 천차만별로 그 내용이 전혀 달라지기 때문이다. 그래서 프랑스 작가 마르셀 푸르스트도 소설의 독자가 읽는 것은 독자 자신일 뿐이라고 했는가 보다. 극단적인 예를 하나 들어 본다. 얼마 전 인터넷에 이런 구인(구혼) 광고가 났다.

'검은 살빛에 미모의 미혼여성이 남성 반려자를 찾습니다. 어떤 인종이든 다 괜찮습니다. 나는 놀기 좋아하는 아주 새파랗게 젊은 여성으로 산책하기, 당신의 픽업트럭 타고 달리기, 야영하며 사냥하고 낚시하기, 그리고 겨울밤엔 불가에 포근히 눕는 것 등을 즐긴답니다. 촛불 켜고 당신의 손에서 받아먹는 저녁식사도 좋습니다. 당신이 직장에서 돌아올 때면 문 앞에서 나는 당신을 목 빠지게 기다리고 있을 것입니다. 데이지를 찾아주세요.'

놀라지 마시라. 이 광고를 보고 자그마치 만 오천 명 이상의 남자가 전화했는데 전화가 걸려온 곳은 조지아주 아틀란타시에 있는 애완동물 보호소이고 데이지는 태어난 지 8주된 라브라도종 암사냥개의 이름이다. 우리말에 뭐 눈에는 무엇만 보인다고 이야말로 순수한 마음으로 보면 예술이지만 음심淫心을 품고 보면 외설이 되는 경우이겠다. 하지만 여기서 짚고 넘어가야 할 것이 아무도 그 누굴 흉보고 욕할 자격이 없다. 죄 없는 자가 돌을 던지라고 했다는 예수의 말처럼 유리 집에 사는 사람은 남의 집에 돌을 던질 수 없다는 서양속담대로 세상의 그 누구도 완벽할 수 없고, 설혹 그런 사람이 있다 해도 그가 완전무결하다는 것이 그의 단점이 될 수 있는 한 아무도 그 누굴 나무랄 수 없으리라. 세상 사람들이 다 다르고 그들이 각자 보고 듣고 느끼고 생각하고 믿고 행동하는 것이 또한 다 다를 수밖에 없는데 어떻게 나와 같지 않다고 맞다 틀렸다 할 수 있을까.

모든 일이
울고 싶은 사람에겐 울음거리
웃고 싶은 사람에겐 웃음거리
놀고 싶은 사람에겐 놀거리
구경하고 싶은 사람에겐 구경거리
말하기 좋아하는 사람에겐 말거리
듣기 좋아하는 사람에겐 들을거리
방귀뀌기 좋아하는 사람에겐 콧방귀거리
치성 드리고 싶은 사람에겐 굿거리지

받으려고 하는 사람에게는 받을 일
주려고 하는 사람에게는 줄 일
죽으려고 하는 사람에게는 죽을 일
살려고 하는 사람에게는 살 일 뿐이 아니더냐

그러니 일상십사日常十事, 인간백사人間百事, 세상천사世上千事, 자연만사自然萬事, 매사를 한 가지 시각으로만 보지 말고 여러 가지 다른 시각으로도 볼 필요가 있지 않을까. 미국의 시인 월트 휘트먼은 그의 시 '나 자신의 노래Song of Myslef'에서 이렇게 노래한다.

한 포기 풀잎도
자그마치 별들의 노정,
여독의 산물이리.
보라 나는 설교를 하거나
자선을 좀 베풀지 않고
나 자신을 주노라.

어떤 스님의 이야기가 떠오른다. 산속으로 나있는 오솔길을 가다가 그 주위의 경관이 너무도 아름다워 지필묵으로 온 정성 다 기우려 거의 완벽하도록 그대로 그려놓고 보니 그 그림에는 생명이 없더란다. 산골짜기 냇물소리도, 솔내와 풀꽃 향훈도, 그 아무런 정취도. 절망 끝에 스님은 그 그림을 찢어버렸다고 한다. 아, 그렇다면 이것이 석가모니가 처음과 마지막으로 하셨다는 천상천하유아독존天上天下唯我獨尊과 자득명自得明－법득명法得明의 그 참뜻이 아닐까.

외설 유래 공중누각

처녀와 이리 늑대 사이의 결혼이 아닌 결육으로 빚어지는 것이 외설猥褻이라 할 것 같으면 이런 외설예술의 그 유래를 좀 살펴보자. 영英미美법상 외설이란 '사람을 타락시키는 것'이라고 정의한 것은 맞지 않는 것 같다. 왜냐하면 외설 된 많은 것들이 사람을 타락시키지 않고, 또 사람을 타락시키는 많은 것들이 외설 되지 않기 때문이다. 그리고 외설을 분별 있는 사람을 모욕하는 것이라고 정의한 것 또한 틀린 것 같다. 그 이유는 외설 된 많은 것들이 분별 있는 사람들을 모욕하지 않으며, 많은 분별 있는 사람들을 모욕하는 것이 외설 되지 않기 때문이다.

그렇다면 초강대국들과 그들의 똘마니 약소국가들의 수많은 전쟁놀이 초도색유희超挑色遊戲의 제물이 되느니 차라리 성적 매력 넘치는 남녀의 도색유희를 즐기는 편이 훨씬 낫지 않을까. 그러면 이처럼 사랑과 평화를 가져오는 여성의 용해력으로 증오와 전쟁, 파괴와 죽음을 가져오는 남성의 폭력을 다스릴 수 있을 것이다. 갓 태어나서 비슷하던 두 어린애가 커가면서 어떻게 한 아이는 생사람을 잡는 사람백정 인신매매범이 되고 또 한 아이는 보살피고 돌봐주는 자연의 천사가 되는 것일까. 아마도 궁여지책으로 우리 조상들은 결혼이란 제도를 만들어 이 이질적인 쌍둥이를 하나로 묶어 모성애를 타고나 성품이 좋은 여자로 하여금 야수 같은 남자를 길들이게 했으리라. 그리하여 미스 버지니아 처녀 아가씨와 미스터 울프, 이리 아저씨가 한 잠자리에 들어 한 몸 한 마음 되라고.

그러나 간밤에 성급하고 무례한 남자한테 강간당하듯 해서 기분이 나쁜 채로 잠자리에서 일어난 여자를 보자. 갑자기 별안간 고약해진 여자의 성질을 못 견뎌 남자는 우리 같은 집 밖으로 뛰쳐나갈 기회만 찾게 되었는가 보다. 이리해서 이리(울프) 늑대씨 부인이 된 버지나아 처녀가 끝판에 가서는 정신쇠약으로 자살까지 하게 되었으리라.(영국의 여류 작가 버지니아 울프는 정말 자살했다.) 어느 꿈 많은 소녀가 결혼하는 순간 남자의 식모 가정부나 '털요강 아니 살요강' 변기로 전락하게 될 줄 상상인들 했으랴. 한편 총각 시절 야생동물들처럼 살아온 남자들은 소같이 굴레 쓰고 멍에 메는데 적응을 못해 호시탐탐 기회를 노리다 울 밖으로 도망치고 싶은 충동을 억제할 길 없었을 것이다. 그러다 못해 우리 선조 할아버지들께서는 역으로 여자들에게 재갈을 물리는 편법을 쓰게 되지 않았을까.

지금으로부터 40여 년 전 옛날 동료 신문기자이며 당시 주영대사관의 공보관이던 친구 집에서 저녁을 먹으며 담소하는 가운데, 영국을 방문하는 한국정부의 높으신 분들을 모시고 골프 치러 다닌다, 나이트클럽 등지로 안내한다, 늘 집밖으로 나도는 남편 보고, 일과후면 집에 일찍 와서 잔디도 깎고 주말이면 가족과 함께 피크닉도 가는 이웃 영국 가정 남편들을 좀 본받으라고, 이 친구

부인이 남편에게 한마디 하자, 장래성 없는 남자나 집구석에 처박혀 있지 라고 내뱉듯 친구가 대꾸하는 것을 듣고 나도 이 같은 소리를 많이 들은 기억이 났다. 이것은 비단 한국 사회뿐만 아니라 세계 여러 나라 남성사회의 공통된 보수적인 생각일 것이다. 사내 녀석은 부엌에 들어가면 안 된다느니 사사로운 집안일에 신경쓰지 말고 밖에 나가 크게 출세해서 가문을 빛내라 등의 말을 그야말로 귀에 못이 박히도록 듣고 자라서였을까, 나도 한때는 언제고 어떻게 해서든 내 이름 석 자 세상에 날리는 '유명씨'가 되고 싶었다. 하루를 살다 죽어도 끽 소리 한번 해봐야겠다고. 평범한 무명씨로 썩을 수는 없는 노릇이라고, 평범 그 이상이 되려고 무진 애쓰고 노력했다. 그러다 보니 결국 평범 이하가 되고 말았는지 모를 일이다.

공룡처럼 화석화된 유교사상인 군위신강, 부위자강, 부위부강, 삼강三綱에다 군신의 의義, 부자의 친親, 부부의 별別 장유의 서序, 붕우의 신信, 오륜五倫이나 읊조리면서 노론 소론, 남인 북인으로 갈려 사색당파 파쟁으로 악머구리 끓듯 한 이씨 조선 왕조의 허례허식, 외면치레, 사농공상, 반상적서 등의 반동사상에 세뇌되어 그 잘난 유산을 청산 못해서일까, 우리나라에 태어난 남자들은 거의 모두 홍역 치르듯 염병 앓듯 출세병과 감투병을 환갑 진갑 넘도록 더러는 나이 일흔 희수稀壽 아니 일흔일곱 희수喜壽가 지나도록 앓게 되는가 보다. 노망이 들 때까지.

나이를 먹으면서 언제부터인가 개미 쳇바퀴 도는 식의 안간힘을 쓰는데 나는 신물이 나기 시작했다. 남보다 더 출세하고 유명해져서 어쩌겠단 말인가. 이 세상에 태어날 때 이미 출세했고, 부모님이 내 이름 석 자 지어주셔서 유명해졌는데 어떻게 더 출세하고 유명해지랴 회의가 생겼다. 그리고 이제 나이를 먹을 만큼 먹고 보니 세상에 평범한 것 이상의 진리도 없고, 사람이 평범한 것 이상으로 훌륭할 수도 없지 않나 하는 깨달음을 얻게 되는 것 같다. 진작 이렇게 허황된 환상에서 깨어나지 못했더라면 난 아직도 공중누각을 짓고 있었을 테고, 그 공중누각에 살면서 엄청나게 비싼 집세를 물고 있었으리라.

욕타령 씨구씨구로세

우리 세상만사 매사에 너무 심각하지 않기 위해 욕타령 한 곡 뽑아 보세. 어쩌면 농도 짙은 농담이 너무 달다 못해 욕지기가 나 욕지거리가 되었는지 모르겠다. 세상에 나도는 수많은 욕에다 내가 어려서부터 악동기질로 작곡 작사해 즐겨 탄성을 질러온 추임새 한두 마디 더 보태 보자.

사람의 탈을 쓰고
사람답게 살지 못하는
비인간적 사람들 가운데

아가씨답지 못하고
심보가 고약하거나
한번 슬쩍 쳐다보기만 해도
백 년 동안 재수 없도록
방정떠는 여자 보고는
'벼락이라도 쫓아가서 맞아 죽을 년'

사내답지 못하게 줏대 없이
매사를 하는 둥 마는 둥
엉거주춤 싸는 둥 마는 둥
끼도 빼도 못하고 이랬다저랬다
갈팡질팡 이 눈치 저 눈치나 살피면서
밥도 죽도 쑤지 못하는 남자보고는
똥물에 튀겨 죽이려 해도 똥물이 아까워
그럴 똥가루 가치도 없는
똥구더기만도 못한 놈

사람이면서
사람 이상이라도 된 듯
거룩하고 고상하게
점잔부리고 얌전빼며
사람 같지 않게
육갑떠는 꼴 보고는
내 똥구멍이 웃는다.

예부터 우리말에 웃고 지내면 안 늙고, 성내고 지내면 빨리 늙는다는 뜻으로 일소일소一笑一少, 일노일로一怒一老라 했다. 속이 좀 언짢아도 한바탕 웃어 제치면 구겼던 마음도 펴지지 않더냐? 짧다면 눈 깜짝 할 사이처럼 짧은 인생 잠시 마주쳤다 헤어질 사람들끼리 얼굴 찡그리지 말고 웃으면서 살아보세. 너도 나도 하-하-허-허, 호-호-히-히, 웃음꽃을 피워 보세. 좋다, 얼씨구, 씨구씨구로세.

덧붙임

Cosmos Cantata :
A Seeker's Cosmic Journey
한 구도자의 우주여행

The Sea of Cosmos

Born in now-North Korea, I happened to be in the south when the country was divided at the end of World War II, which ended the 35-year colonial rule of Korea by Japan; hence the Korean War and its ongoing aftermath. By virtue of serendipity and survival instinct of 'sink or swim', I've always counted on every stroke of luck in the sense that anything is a blessing and that there is nothing to be discarded.

Eleventh of 12 children, I became fatherless at the age of five and homeless during the Korean War when I was thirteen. It came to pass that I went on a journey at an early age in search of the sublime in our human condition, seeking a cosmic identity in the greater scheme of things. I wrote a poem as my future autobiography:

Cosmos

When I was a boy,
I liked the cosmos
Cozy and coy
Without rhyme or reason to toss.

Later on as a young man
I fell in love with cosmos,
Conscious of the significance
Of this flower for me sure,
The symbol of a girl's love pure.

As I cut my wisdom teeth,
I took the cosmopolitan road
Traveling the world far and near
In my pursuit of cosmos in a chaotic world.

Upon looking back one day,
Forever longing, forever young,
Never aging and never exhausted
By yearning for cosmos,
I'd have found unawares numerous cosmos
That had blossomed all along the road
That I'd walked.

A dreamland of the bluebird
Looking for a rainbow,
Where could it be?
Over and beyond the stormy clouds,
That's where it could be!

I wrote another poem as my self-portrait:

The Sea

Thou
symbolizing
Eternity, infinity and the absolute
Art
God.

How
Agonizing
A spectacle is life in blindness
Tumbled into Thy callous cart

To be such a dreamy sod!

A dreamland of the gull
Of sorrow and loneliness full
Where would it be?
Beyond mortal reach would it be?

May humanity be
a sea of compassion!
My heart itself be
A sea of communion!

I envy Thy heart
Containing
Passions of the sun
And
Fantasies of the sky.

I long for Thy bosom
Nursing
Childlike enthusiasm
And
All-embracing mother-nature.

Although a drop of water
It trickles into the sea.

Absurd and wild though it may have been, this

poem expressed my instinctive prayer. Undoubtedly this call of the sea made me seem like a precocious child. But, alas, my desires remained childlike. Preoccupied with self-criticism, I was unable to be as natural or as divine as the sea. Was this fanciful vision a trace of childhood innocence or a vestige of human divinity? I would never know, though I should as I had suffered so much for it. The words I used to address myself were now all charged with disparate meanings.

I could feel, welling up within myself, the scene evoking a long and enduring train of reminiscences. For me, I fancied, to love was to be born into cosmos. But, alas, much too much to my chagrin, I couldn't love myself. I could love no one until and unless I could love myself.

Wasn't I hopelessly misdirected in the early days of my life when I was going to enlarge my life by emptying all the small things I belittled but of which life was composed? What a deed of derring-do!

Perhaps, though, I did not fail in perseverance striving to live up to my name Haesim '해심' (in Korean), and '海心' (in Chinese), meaning 'Heart of the Sea'. In this light, maybe, I could stop loathing myself and start loving myself for being a wanderer, as a wise old Korean saying notes, "to perceive the whole of the universe through a blade of grass."

Perhaps, then, my sufferings were not in vain after all. Unwittingly I had come to discover my own unique identity I so anxiously longed to bring to light, not to find shame, but to cherish and to nourish.

From this fountainhead would spring my sense of decency and dignity I so despaired of ever feeling. From this wellspring would begin a pilgrimage of a little drop — be a dewdrop or raindrop— trickling into the sea of cosmos, with a few grains of sand or stars serving as my companions on the journey.

No matter where one is from, whether from the East, the West, the North or the South, it doesn't matter. If we look at things from the big picture, we all are 'cosmians' passing through as fleeting sojourners on this tiny planet earth in the sea of cosmos. This is the whole point I wanted to make, just to remind ourselves of the Cosmos Cantata we've got to sing all together.

If each one of us is indeed a micro-cosmos reflecting a macro-cosmos, all that existed in the past, all that exists at present and all that will exist in the future, we're all in it together, all on our separate journeys to realize this. May each one of us be the sea of cosmos!